JUM 성경읽기표와 함께 하는

일독큐티

JUM 성경읽기표와 함께 하는 일독 큐티 7월-9월

초판 1쇄 발행 2016년 6월 15일

지은이 문정웅

펴낸이 박종태
펴낸곳 비전북
출판등록 2011년 2월 22일 제396-2011-000038호

주소 경기도 고양시 일산서구 송산로 499-10(덕이동)
전화 (031)907-3927
팩스 (031)905-3927
이메일 visionbooks@hanmail.net

책임편집 강인구
디자인 참디자인
마케팅 강한덕, 임우섭
관리 정문구, 맹정애, 강지선, 김병수, 김기범
인쇄 및 제본 예림인쇄

공급처 (주)비전북
전화 (031)907-3927
전화 (031)905-3927

ISBN 979-11-86387-14-6 (03230)
979-11-86387-11-5 (04230) 세트

JUM 성경읽기표와 함께 하는

일독큐티

7월–9월

문정웅 지음

믿음을 지키고 신앙의 위기에서 빠져나올 때도 말씀 외에는 방법이 없습니다.

신앙생활을 십 년을 해도 성경을 한 번도 체계적으로 읽지 못한 경우가 많습니다. 교회의 새벽 예배와 주일 예배 그리고 성경 공부가 뒷받침되지 않으면 성경일독은 바쁜 현대 사회의 구조 속에서는 실천하기 어려운 일입니다. 목회자라 할지라도 자신에게 익숙한 본문을 중심으로 설교하다 보면 성도들에게는 말씀을 읽으라고 권하지만 정작 자신은 일에 치우치는 경우도 있습니다.

비전북

차 례

9월 회복 recovery 다니엘 1장 – 말라기 4장 • 147

왕의 진미 · 하늘의 왕 · 불꽃 신앙 · 마지막 때의 성도 · 회복되리라 · 그의 앞에서 살리라 · 진실한 예배 · 여전히 사랑하시다 · 약속을 지키시는 하나님 · 마음을 찢으라 · 보이지 않으면 나타나지 않는다 · 정의를 물같이 공의를 강같이 · 아모스와 아마샤 · 불꽃처럼 타오르라 · 요나의 기도 · 거짓과 진리 · 메시아에 대한 약속 · 화평을 전하는 자의 발 · 나의 힘이시라 · 너희 가운데 계시니 · 나중 영광이 이전보다 크리라 · 척량줄을 잡은 자 · 순금 등잔대의 환상 · 하나님의 마음을 시원하게 하라 · 불러도 듣지 않는 귀 · 예비된 나귀 새끼 · 힘을 얻었다 할지라 · 죄와 더러움을 씻는 샘물 · 최고의 것을 드리는 삶의 제사 · 믿음으로 사는 삶

서문

신앙생활을 십 년을 해도 성경을 한 번도 전체적으로 읽지 못한 경우가 많습니다. 교회의 새벽예배와 주일예배 그리고 성경 공부가 뒷받침되지 않으면 성경일독은 바쁜 현대 사회의 구조 속에서는 실천하기 어려운 일입니다. 목회자라 할지라도 자신에게 익숙한 본문을 중심으로 설교하다 보면 성도들에게는 말씀을 읽으라고 권하지만 정작 자신은 일에 치우치는 경우도 있습니다. 그렇게 우리는 구조적으로 바쁘게 돌아가는 현실에서 변명거리를 찾게 됩니다.

그러나 사도들이 결단하고 말씀에 매진하는 구조로 교회를 바꾼 것처럼 신앙생활에도 변화가 필요합니다. 그것이 바로 〈일독 큐티〉와 JUM 성경읽기표입니다. 이것을 이용하면 교회의 일 년 행정과 말씀 준비가 굉장히 수월해집니다. 무엇보다도 성경을 편식 없이 전체적으로 모두 읽고 나누게 됩니다. 〈일독 큐티〉는 JUM 성경읽기표를 통하여 교회의 영적 성장과 행정의 단순화를 이루기 위하여 오랜 현장 연구와 적용을 통하여 탄생하였습니다. 〈일독 큐티〉는 말씀을 읽고 깨닫고 행하는 것이 신앙의 중심이 되도록 성도님들을 돕기 위한 교회의 노력입니다.

〈일독 큐티〉는 JUM 성경읽기표의 날짜별 말씀 중에서 그날의 본문을 정하고 나눌 수 있도록 구성되어 있습니다. 주일예배와 새벽예배에 동일하게 적용하고 절기에도 활용할 수 있습니다. 특히 주일예배 말씀은 성경공부에 쓰기 가장 좋은 교재입니다. 왜냐면 이미 한 번 목사님을 통해 말씀을 들었기 때문에 나눔에 시간을 더 할애하고 깊이 새길 수 있기 때문입니다.

누구나 표 안에서 본문을 선택하고 구성하여 창의적으로 만들 수도 있습니다. 표에 나와 있는 말씀의 순서대로 교회의 모든 새벽예배와 주일예배 그리고 성경 공부가 일관성 있게 진행됩니다. 그래서 표대로 꾸준히 읽으면 성경을 일 년에 일독할 수 있도록 구성되어 있습니다. 그리고 1월 1일에 창세기를 시작으로 12월 31일 요한계시록으로 마치고 다시 돌아가기 때문에 매년 더 깊어지는 교회의 영성과 말씀의 깊이를 체험하게 됩니다. 이것은 이미 6년 동안 검증되었습니다.

믿음을 지키고 신앙의 위기에서 빠져나올 때도 말씀 외에는 방법이 없습니다. 말씀을 읽고 믿음 위에 서 있는 성도들이 신앙을 지키고 교회를 지키고 가정을 지킵니다. 교회에 위기가 왔을 때 JUM 성경읽기표와 〈일독 큐티〉를 통하여 말씀으로 승리하여 끝까지 교회를 지키는 모습을 보았습니다. 말씀이 회복되야 기도가 회복되고 영적인 성숙이 일어납니다. 문제없는 교회나 인생은 없지만 그것을 이겨내는 길은 말씀 속에 있습니다. 이 책이 조금이나마 그 길에 도움이 되기를 간절히 바랍니다.

저자 문정웅

감사의 글

먼저 이 책이 있도록 쓰시고 인도하신 오직 하나님만이 영광 받으시기를 소원합니다. 하나님이 주신 마음으로 어려움 속에서도 꿋꿋이 함께해 준 고수현 사모와 사랑하는 딸 예주, 예나에게 감사와 사랑의 마음을 전합니다.

특히 한순간도 빠짐없이 기도와 사랑으로 키워 주시고 희생해 주신 나의 사랑하는 아버지 문수근 목사님과 어머니 전순희 사모님께 존경과 사랑의 말씀을 드립니다. 그리고 때마다 격려와 사랑으로 목회에 돌봐주신 아버지 고진곤 장로님과 어머니 김명희 권사님께 진심으로 감사드립니다.

나에게 평생 친구이자 동료이자 내 몸 같은 동생 문영재 목사님과 고은미 사모와 우리 사랑하는 예목이, 예형이에게도 사랑의 마음을 전합니다. 그리고 고석붕 집사와 윤세라 집사 그리고 찬영이, 예영이에게도 사랑의 마음을 전합니다.

특별히 이 책이 있기까지 기다려 주시고 믿음으로 함께해 주신 박종태 장로님의 수고가 있었기에 이렇게 〈JUM 성경읽기표와 함께 하는 일독 큐티〉가 한 교회가 아닌 많은 교회들을 섬기는 도구가 될 수 있었습니다. 진심으로 존경과 감사의 마음을 드립니다. 더불어 아름다운 디자인으로 옷을 입혀 주신 강인구 실장님께도 감사의 마음을 드립니다.

이 책은 혼자만의 힘으로 나오지 않았습니다. 말씀의 가지를 가지런히 정리해 준 김요한 전도사의 동역이 너무나 큰 힘이 되었습니다.

그리고 묵묵히 기도로 함께해 주신 새벽예배자 성도님의 사랑과 정성이 많은 힘이 되었습니다. 특히 모든 내용을 함께 구성해 준 문수근 목사님과 문영재 목사님의 함께한 수고가 이렇게 탄생한 원동력이 되었습니다. 믿고 끝까지 함께해 주신 분들께 감사의 말씀을 드립니다. 그리고 앞으로도 계속해서 나오게 될 모든 〈일독 큐티〉를 통해 하나님과 함께하신 모든 독자님들께 감사의 마음을 드립니다.

저자 문정웅

7월

은혜

grace

전도서 1장 - 이사야 66장

JUM 성경읽기표

• 7월 •

1	전도서 1-3장	
2	전도서 4-6장	
3	전도서 7-9장	
4	전도서 10-12장	
5	아가 1-3장	
6	아가 4-6장	
7	아가 7-8장	
8	이사야 1-3장	
9	이사야 4-6장	
10	이사야 7-9장	
11	이사야 10-12장	
12	이사야 13-15장	
13	이사야 16-18장	
14	이사야 19-21장	
15	이사야 22-24장	
16	이사야 25-27장	
17	이사야 28-29장	
18	이사야 30-32장	
19	이사야 33-35장	
20	이사야 36-38장	
21	이사야 39-41장	
22	이사야 42-43장	
23	이사야 44-46장	
24	이사야 47-49장	
25	이사야 50-52장	
26	이사야 53-55장	
27	이사야 56-58장	
28	이사야 59-60장	
29	이사야 61-62장	
30	이사야 63-64장	
31	이사야 65-66장	

7월

1

헛되도다

일독 성경 전도서 2장 17-26절(전도서 1-3장 中)

말씀의 씨앗

씨앗말씀 · 오늘 내게 심어진 한 절 말씀

"지혜자의 죽음이 우매자의 죽임과 일반이로다."

하나님을 경외하는 사람이나 멀리하는 사람 모두가 죽음 앞에서 동일함을 보고 솔로몬은 고백합니다.

"인생을 살아긴들 다른 것이 무엇이란 말인가?"

잡히지도 않는 바람을 잡으려는 것처럼 소용없는 일임을 말합니다. 자녀에게 아무리 좋은 것을 물려준다고 해도, 자녀가 더 좋은 삶을 살 것이라는 기대를 한다 해도 결국 똑같다는 것을 깨닫게 됩니다. 그래서 해 아래서 한 모든 수고가 헛되어 마음이 실망하게 됩니다. 재주는 곰이 부리고 삯은 주인이 챙기는 것같이 노력한 모든 것이 다른 사람의 공으로 돌아갈 때 마음에 남는 것이 없고 오히려 마음이 근심하게 됩니다. 밤에 잠도 오지 않습니다.

"이 모든 것이 헛되고 헛되며 헛되고 헛되도다. 모든 것이 헛되도다. 결국 인생의 모든 것은 마음에 달려 있구나!"

하나님이 마음에 낙을 주시고 감사로 찬양하게 하시면 환경과 여건에 상관없이 진정한 삶의 가치를 찾게 됩니다. 솔로몬 왕이 이야기합니다. 나보다 더 먹고 마실 것이 풍족한 사람이 누가 있겠느냐? 지혜로운 사람이 누구이겠느냐? 하나님을 기쁘시게 해드리는 자의 인생이라 할 지라도 헛되도다. 죄인의 노고와 쌓인 심판을 보면서 비교한다 할지라도 이것 역시 헛되도다. 세상에서 살아온 삶은 모두 헛됨 뿐이구나. 믿음의 승리가 노년의 시간에 바라보면 아무것도 아니고 결국 능력도 아니고 선행도 아니고 기적과 기사도 아니고 남은 것은 하나님 안에 있다는 사실 뿐임을 고백합니다. 날마다 하나님을 믿음으로 진정한 삶의 의미와 모습을 찾아가기를 소망합니다.

말씀의 가지

부와 지식과 쾌락과 명예를 추구하느라 다른 어느 사람들보다 많은 시간을 바친 후에, 솔로몬은 '성공은 우리가 생각한 그 모습이 아니다'라는 결론을 내렸다. 그는 인간이 원하는 모든 것을 가졌다. 그러나 결국 그는 산다는 일이 싫어졌다(전도서 2장 17절). 그의 수고는 그를 공허하게 팽개쳐 버렸고, 더 정확하게 말하면 그를 충족시키지 못했다.

(Todd Duncan, 세일즈 퍼슨의 시테크(가람북 2008), p.196)

말씀의 꽃 · 나만의 일독 큐티

말씀의 열매 · 기도 제목

7월

2 후회하지 말라

일독 성경 전도서 5장 10-20절(전도서 4-6장 中)

말씀의 씨앗

씨앗말씀 · 오늘 내게 심어진 한 절 말씀

돈을 사랑하는 사람은 돈으로 만족을 누릴 수 없습니다. 욕심을 채우려는 사람은 무엇으로도 만족할 수 없습니다. 재산이 늘어날수록 식솔이 늘어나고 그들이 먹는 것을 보면서 할 수 있는 것은 아무것도 없습니다. 내 재산이 늘어나는 것 같지만 결국 내가 소유하는 것이 없이 보고만 있을 뿐입니다. 오히려 노동자들은 수고의 땀을 흘리고 단잠을 자지만 부자는 재산에 대한 애착심 때문에 잠을 이루지 못합니다. 빈손으로 태어나 빈손으로 돌아가는 인생임을 깨달았을 때에는 이미 어둠 속에서 헤매이며 번뇌와 병과 분노로 힘겨워진 자신을 발견하게 됩니다.

"사람의 인생에 진정한 빛은 무엇인가?"

일평생 하나님이 주신 은혜에 감사함으로 자족하기를 배워 넘치지도 모자르지도 않게 오직 하나님을 바라보며 감사하는 삶입니다. 하나님은 자신을 사랑하는 사람에게 부요와 평안을 허락하여 주십니다. 그리고 생명의 날을 후회하지 않게 하십니다.

후회하면 소용이 없습니다. 비록 더디 가고 때론 실패해도 후회없이 끊임없이 하나님을 신뢰하며 살아갈 때 결국 진정한 축복의 길을 알게 됩니다.
하나님을 신뢰함으로 후회없는 삶을 살기를 소망합니다.

말씀의 가지

여러분들은 영적인 순례에서 지금 어디까지 와 있는가? 여러분과 예비 배우자는 지금 비슷한 지점을 통과하고 있는가? 커플의 공통 신앙 체계가 친밀한 커플 관계를 이뤄가는 중요한 요소이다. 우리는 신앙과 신념이 서로 같아서 정서적으로도 더욱 가깝고 친밀할 수 있었다. 오래전부터 우리는 전도서 4장 9절에서 12절 말씀을 부부 관계의 기본 원리로 삼고 있다. 우리가 부부 관계에서 원하는 영적 친밀감을 그대로 묘사하고 있다고 보았기 때문이다.

(David Arp, 결혼 서약 전에 열 번의 데이트(상담과 치유 2008), p.205)

말씀의 꽃 · 나만의 일독 큐티

말씀의 열매 · 기도 제목

7월 3

죽음을 기대하라

일독 성경 전도서 7장 1–7절(전도서 7–9장 中)

말씀의 씨앗

씨앗말씀 · 오늘 내게 심어진 한 절 말씀

죽는 날이 태어난 날보다 낫다고 이야기합니다. 초상집에 가는 것이 잔칫집에 가는 것보다 낫다고 말합니다. 지혜자는 마음이 초상집에 있다고 이야기합니다. 처량하게 생각한다는 것도 아니고 죽음을 희화하는 것도 아닌 삶의 마지막을 생각한다는 것입니다. 마지막이 있다는 것을 아는 사람은 지금 살아가는 한순간 한순간을 소중히 살아갑니다. 그리고 죽음은 마지막이 아닌 과정임을 알기 때문에 더욱 힘써 믿음의 길을 갑니다.

하나님을 모르고 죄악 속에서 방황하는 사람은 마치 장작불 속의 가시나무 같아서 불에 타 없어지고 맙니다. 영원한 생명은 오직 예수 그리스도 안에 있음을 알기 때문에 매 순간 더욱 신실하게 나무와 같이 살아갑니다.
포악과 탐욕으로 가득하여 말로는 사랑한다 하지만 자신의 만족을 위해 말하고 움직이는 사람은 결국 지혜자라 할지라도 우매하게 되고, 물질에 마음을 두기 시작하면 지혜자라 할지라도 망하게 됩니다.

세상 속에서 마음을 두어야 할 곳은 잔치가 아니라 나를 부르시는 마지막입니다.
그리고 그리 멀지 않음을 기억하고 이제는 죽음을 무서워하거나 잊는 것이 아니라 하나님 나라를 바라봄으로 하나님의 부르심을 기대하고 더욱 영적으로 충실한 삶을 살아가기를 소망합니다.

말씀의 가지

죽음이란 특별한 불행도 아니고 남에게만 닥치는 불행은 더더욱 아니다.
오늘 내가 저 죽은 이를 들여다보는 처지가 된 것은, 대개의 경우 저들이 나보다 먼저 태어났기에 그 순서로 먼저 갔기 때문이지. 고로 너는 죽고 나는 살아 있다고 해서 미안스러워할 일도 없다. 어느 날 내가 저기 누워 있으면 내 후배 인생들이 죽은 나를 들여다보고 가는 날도 곧 오게 되어 있는 걸. 지혜의 왕이라는 솔로몬은 죽기 전에 이렇게 써놨다.
"초상집에 가는 것이 잔칫집에 가는 것보다 나으니, 모든 사람의 끝이 이와 같이 됨이라. 산 자는 이것을 그의 마음에 둘지어다(전도서 7:2)."

(한호림, 뉴욕에 헤르메스가 산다2(웅진지식하우스 2010), p.113)

말씀의 꽃 · 나만의 일독 큐티

말씀의 열매 · 기도 제목

7월

4

네 떡을 물 위에 던져라

일독 성경 전도서 11장 1-10절(전도서 10-12장 中)

말씀의 씨앗

씨앗말씀 • 오늘 내게 심어진 한 절 말씀

물이 뿌려진 촉촉한 땅에 씨앗을 뿌리면 열매가 납니다. 그것을 거두면 곡식이 가득한 창고가 됩니다. 이것을 어떻게 할 것인가? 본문은 일곱이나 여덟에게 나누어 주라고 말합니다. 혼자 누리라는 게 아니라 나누라고 주신 것입니다. 언제 재앙이 임해 모두 잃게 될지 아는 이는 없습니다. 선을 베풀면 언젠가 나에게도 돌아옵니다. 돌아올 것을 바라고 해서는 안 되겠지만 하나님의 약속이 그렇습니다. 쓰러진 나무가 그 자리에서 꼼짝없이 있는 것을 이야기합니다. 사람이 안다 한들 그것 역시 소용이 없다는 것입니다. 물론 기계로 잘라서 옮기는 방법이 있겠지만 큰 나무가 넘어졌을 때 사람이 그것을 옮겨 놓거나 없애지 못합니다. 예측불가 처리불가의 일이 얼마나 많습니까? 믿음의 사람은 소신있게 즉시 행해야 합니다. 나누고 베푸는 삶을 살되 지금 마음이 있을 때 미루지 말고 실천해야 합니다.

바람이 어디서 와서 어디로 갈지 아무도 알 수 없습니다. 세상을 주관하시는 하나님 외에는 아무도 모릅니다. 본문은 아침에 씨를 뿌리고 저녁에도 손을 놓지 말라고 합니다. 하나님을 의지하는 사람은 마지막까지 포기하지 않는 사람입니다. 한결같이 마무리까지 열심히 하는 사람입니다. 빛은 생명입니다. 빛을 받아 나무가 자라고 그것을 먹고 사람이 살아갑니다. 그 생명을 경험하고 누리고 살아가는 사람은 하나님이 주신 것에 항상 감사하며 살아갑니다. 비록 어둠 속에서 어려움을 겪으며 살아간다 할지라도 겨울이 오면 다시 새봄이 오듯이 빛을 기대하며 소망을 잃지 않습니다. 교만이 아닌 겸손함으로 젊은 날을 보내고 성실함과 신실함으로 하나님을 바라볼 때에 근심이 아닌 기쁨과 소망으로 살아갈 수가 있습니다. 영원히 살 것처럼 살아가지만 모든 것이 헛됩니다. 세상에 속한 영원한 것은 없습니다. 오직 하나님의 나라 외에는 영원한 소망이 없습니다. 지금 결단하여 이후로 한결같은 믿음으로 살아가기를 기대합니다.

말씀의 가지

때때로 하나님은 우리가 의식적으로 완전히 그를 의지할 수밖에 없게 만드신다. 예를 들면, 실직 기간이 오래 지속되어 냉장고는 텅 비고 취직할 가망이 전혀 없어 보일 때가 있다. 그럴 때 우리는 쉽게 하나님께 의존해 있음을 인정하며 하나님의 개입을 간구한다. 그러나 우리는 의사가 가벼운 병으로 진단하고 약을 처방해 줄 때도 똑같이 하나님께 의존해 있다. 꼬박꼬박 월급이 들어올 때도 똑같이 하나님께 의존해 있는 것이다. 동시에 우리에게는 책임이 있다. 성경은 우리가 전적으로 하나님께 의지한다는 이유로 게으름 피우는 것을 용납하지 않는다(전도서 10:18).

(Jerry Bridges, 하나님 정말 계십니까(도마의길 2008), p.95)

말씀의 꽃 · 나만의 일독 큐티

말씀의 열매 · 기도 제목

7월

5

여인 중에 어여쁜 자야

일독 성경 아가서 1장 1–8절(아가 1–3장 中)

말씀의 씨앗

씨앗말씀 · 오늘 내게 심어진 한 절 말씀

솔로몬의 아가서입니다. 솔로몬의 술람미 여인에 대한 사랑을 통하여 우리를 향하신 하나님의 사랑을 나타내 줍니다. 말씀은 술람미 여인의 고백으로 시작합니다. 왕에게 많은 처녀들이 사모함으로 곁에 있지만 그중에서도 자신을 사랑하여 주기를 원하고 또 가장 사랑하고 있음을 이야기합니다.

세상에 많은 사람이 있지만 각 사람마다 하나님이 주신 은혜와 은사가 다 다릅니다. 특별한 은혜를 각 사람에게 부어 주신 것입니다. 술람미 여인은 이웃나라의 공주가 아니라 포도원을 지키는 사람이었습니다. 오빠들의 포도원을 지키느라 자신의 일은 다 마치지도 못할 정도로 해야 할 일이 적지 않았습니다.

솔로몬이 사랑한 것은 무엇인가? 왕으로서 주변에 그 어떤 것보다도 진실한 사랑을 간구하는 것을 우리는 보게 됩니다. 솔로몬은 여인이 어려움 당하지 않고 쉼을 얻기를 원합니다. 혼자만의 사랑이 아닌 함께 그 사랑의 마음을 나눕니다. 우리는 늘 하나님을 사랑한다 하면서 말로만 하고 진심으로 하지 못하는 경우가 많습니다. 오히려 어려움을 이기게 하는 도구로 생각하면서 입으로만 찬양을 합니다.

그러나 하나님은 우리의 문제를 해결해야만 하는 의무가 있는 분이 아니라 우리의 사랑을 받기에 마땅한 분이십니다. 우리 역시 그분의 사랑 안에 거하고 있습니다. 솔로몬과 술람미 여인의 사랑은 조건이 아닌 진실함입니다. 하나님이 우리에게 기대하시는 것입니다. 하루를 살아도 하나님께 진실한 삶을 살아야겠습니다. 그리고 누구보다도 사랑하고 계심을 고백하는 삶이 되기를 소망합니다.

말씀의 가지

술람미 여자 [Shulammite]
'평화'란 뜻. 이스라엘 왕 솔로몬이 극진히 사랑한 여자(아 6:13). 히브리어에서 '술람미'를 솔로몬의 여성명사로 보아 '솔로몬의 여자' 혹은 '솔로몬의 신부'로 보기도 하지만, 70인역(LXX)에서 '수넴 사람'으로 번역하는 것으로 보아 '수넴'이란 지명에서 파생된 이름으로 보기도 한다. 아 7:1-9에는 술람미 여인의 아름다움이 시적으로 잘 묘사되고 있다.

(라이프성경사전(생명의말씀사 2006), 술람미 여자)

말씀의 꽃 · 나만의 일독 큐티

더 생각해 보기

1. 처녀들의 사랑을 받는다는 건 어떤 의미인가?(3-4절)
2. 게달의 장막 같을지라도 솔로몬의 휘장과도 같다고 한 이유는?(5절)
3. 포도원을 지키지 못한다는 건 무엇을 뜻하는가?(6절)
4. 양 떼 곁에서 얼굴을 가린 자가 된다는 건 무엇을 말하는가?(7절)
5. 양 떼의 발자취를 따라간다는 건 무엇을 의미하는가?(8절)

7월 **6**

북풍아 일어나라 남풍아 오라

일독 성경 아가서 4장 7-16절(아가 4-6장 中)

말씀의 씨앗

씨앗말씀 · 오늘 내게 심어진 한 절 말씀

솔로몬은 술람이 여인을 사랑하는 마음으로 아가서를 썼습니다. 나의 사랑 너는 어여쁘고 아무 흠이 없구나. 세상에 아무 흠이 없는 사람은 없습니다. 아주 작은 부분이라도 사람마다 흠이 있습니다. 그러나 사랑하면 덮어 줍니다. 보이지 않는 것이 아니라 그 흠마저도 사랑하게 됩니다. 솔로몬은 아무 흠이 없다고까지 표현하며 거친 산지에서 자랐지만 그것은 문제가 되지 않는다고 고백합니다. 이제 자신과 함께하기를 간구합니다. 사랑하는 사람을 보며 아주 작은 부분에서도 감동을 받고 마음을 빼앗겼다고 고백합니다. 술에 취한 것이 아닙니다. 입에서 나오는 말마다 즐겁게 하고 기쁨을 줍니다. 그래서 술람미 여인을 향하여 이렇게 고백합니다. 당신은 쉼을 주는 동산이요 세상의 것이 가미되지 않은 순수한 샘입니다. 여인을 향한 솔로몬의 사랑을 통하여 우리는 하나님의 사랑을 보게 됩니다. 하나님도 우리를 사랑하시되 조건을 보지 않고 사랑하십니다. 죄가 없고 의롭기 때문에 사랑하시는 것이 아니라 우리를 지으시고 사랑하셔서 십자가에 달려 죽으시기가지 포기하지 않으셨습니다. 하나님은 자신의 쉼터를 찾으십니다. 세상이 모두 타락해도 노아를 보며 쉼을 얻으시고 보전하신 것처럼 세상에서 하나님의 쉼이 되는 사람이 있습니다. 하나님의 사랑을 받기만 하는 것이 아니라 하나님에게 사랑을 드리는 사람이 있습니다. 솔로몬과 술람미 여인의 사랑은 짝사랑이 아니라 서로를 향한 사랑이었습니다. 우리의 열매는 무엇을 위한 것입니까? 내게 주신 모든 것이 하나님의 은혜임을 알고 고백하는 자마다 하나님께 열매를 드리는 것입니다. 솔로몬과 술람미 여인을 통하여 하나님은 우리에 대한 사랑을 말씀해 주십니다. 그 사랑을 깨닫고 멈추지 않는 우리의 믿음이 되기를 소망합니다.

말씀의 가지

문학상으로는 매우 아름다운 아가서. '아가'라고 제명을 붙인 것은 한역성경에서 따온 것이다. 히브리어로는 '노래 중의 노래'이니 다시 말해서 '가장 좋은 노래'라는 뜻이다. '아가'는 '솔로몬의 아가'라는 말로 시작된다. 이에 대하여 여러 구구한 학설이 있으나 내용상으로 보면 평화롭고 호화의 극치를 이룬 솔로몬 시대의 역사적 배경을 반영하고 있어서 기자나 연대에 대하여 의심하는 자는 없을 것이다. '아가'는 '에스더'와 더불어 '하나님'이란 말이 한 번도 사용되지 않은 구약성경 중 특수한 책이다. 그러나 아름다운 노래를 유대교에서는 은유적으로 '하나님과 그의 백성 간에 사랑'이라고 해석하여 유월절 중 여드레째 되는 날에 낭독하는 습관이 있다. 물론 기독교에서도 역시 그리스도와 그의 교회 사이의 아름다운 사랑으로 여겨 애독하고 있다.

(신상훈, 성경의 즐거움(스타북스 2006), pp.202-203)

말씀의 꽃 · 나만의 일독 큐티

말씀의 열매 · 기도 제목

7월

7

꺼지지 않는 사랑

일독 성경 아가서 8장 6-7절(아가 7-8장 中)

말씀의 씨앗

씨앗말씀 · 오늘 내게 심어진 한 절 말씀

사랑은 완전한 능력입니다.하나님은 사랑이십니다. 오늘 말씀에서 사랑을 이렇게 비유합니다. 사랑은 죽음같이 강하다. 투기가 거세게 다가와 마치 여호와의 불같이 임한다 해도 마지막은 꺼지는 불이 됩니다. 그러나 하나님의 사랑은 많은 물이 덮는다 해도 꺼지지 않습니다. 죽음도 그 사랑을 이기지 못합니다.

예수 그리스도께서 아무 죄없이 우리를 사랑하신다는 이유만으로 죽음을 포기하지 않으시고 마지막까지 우리를 위하여 담당하셨습니다. 이것을 흔들 수 있는 사람은 아무도 없습니다. 이미 우리에게 보여 주신 사랑으로 우리는 두려울 것이 없습니다. 죽음처럼 강한 사랑을 보여 주셨습니다. 스데반이 갈등없이 주를 위하여 돌에 맞아 죽기까지 신앙을 지킨 것도 이 때문입니다. 바울과 베드로 같은 많은 믿음의 선배들이 순교의 자리까지도 마다하지 않고 예수님을 믿는 믿음을 지킨 것은 바로 예수님의 사랑 때문입니다. 인생의 모든 성과를 다 쏟아서 사랑을 사려 해도 그 값을 다 치를 수 없습니다. 오히려 수치만 당합니다. 사랑은 값으로 사는 것이 아니기 때문입니다.

사랑은 오직 하나님 안에 있기 때문에 사람의 힘으로 움직여지는 것이 아닙니다. 사랑한다는 말보다 그 능력이 나타나는 삶이 되기를 소망합니다. 백 마디의 말보다 진정한 사랑이 사람을 변화시킵니다.

말씀의 가지

아가서의 저자

전통적으로 본서 저자를 '솔로몬'으로 보는 데는 큰 이견이 없다. 그 근거로 ① 본서에 사용된 단어나 용어, 문체, 표현 방식이나 수사법 등이 통일성이 있다는 점. ② 저자가 문학성이 뛰어나고 해박한 지식을 가졌다는 점(왕상 4:32-33). ③ 화려한 궁중 생활과 수많은 비빈을 거느리고 있다는 점(6:8). ④ 다메섹, 레바논, 엔게디, 길르앗, 헤스본, 갈멜 등 팔레스타인의 동서남북을 아우르는 지명이 고르게 등장하는 것으로 미루어 통일 왕국이 시대적 배경이라는 점. ⑤ 예루살렘 여인들의 화려한 복장에서 엿볼 수 있듯이 당시 사회가 안정적이고 부유했다는 점을 들 수 있다.

(라이프성경사전(생명의말씀사 2006), 아가2(아가서의 저자))

말씀의 꽃 · 나만의 일독 큐티

말씀의 열매 · 기도 제목

7월

8

마음이 온전한 예물이다

일독 성경 이사야 1장 11-20절(이사야 1-3장 中)

말씀의 씨앗

씨앗말씀 · 오늘 내게 심어진 한 절 말씀

이스라엘 백성에게 하나님은 말씀하십니다.

"내가 언제 너희에게 많은 제물을 요구했느냐? 너희의 예배도 나는 견디지 못하겠노라. 너무 무겁고 피곤하다. 이제 더 이상 하지 말라."

진실함이 없는 예물, 진실함이 없는 예배, 진실함이 없는 기도. 그 어떤 것도 아무 소용이 없습니다. 하나님은 다윗의 실수를 늘 꾸짖으시고 벌하셨습니다. 그러나 그가 진실한 예배를 드릴 때에 모든 것을 회복시켜 주셨습니다. 누군가가 예배를 잘 드리고 있는가? 이것은 사람이 판단할 일이 아닙니다. 하나님이 판단하시고 결정하실 일입니다. 중요한 것은 지금 이 순간 내가 하나님 앞에 진실한가를 점검하는 것입니다. 악을 행하면서 선을 행하는 것은 의미가 없습니다. 앞뒤가 맞지 않습니다. 먼저 악행을 버리고 선을 행할 것을 하나님은 요청하십니다. 흰색의 반대는 검은색입니다. 그러나 성경은 붉은색과 비교합니다. 우리의 죄가 붉을지라도 눈과 같이 그리고 양털같이 희게 만들어 주십니다. 예수 그리스도의 보혈의 능력으로 말미암아 생명의 능력의 상징이 되었습니다. 피는 몸 안에 있으면 티가 안 나지만 칼 때문에 상처가 나서 몸 밖으로 나오면 붉습니다. 있어야 할 곳에 있지 않는 것이 죄입니다. 어떤 제물에 쓰인 어린양도 스스로 사람의 죄를 위하여 죽지 않았습니다. 단지 제사하는 사람의 돈으로 산 정성으로 말미암아 하나님이 받으십니다. 그러나 예수님은 스스로 어린양이 되사 우리의 죄를 담당하셨습니다. 그래서 계시록 7장에 어린양의 피로 씻어 희게 된 옷을 입고 마지막 때에 성도들이 하나님의 부름을 받습니다. 죄의 상징이던 붉은색을 구원으로 바꾸어 주셨습니다. 심판의 상징이던 십자가를 사랑의 상징으로 바꾸어 주셨습니다. 하나님은 하나님의 백성을 빼앗기지 않으십니다. 끝까지 순종하며 나가면 하나님이 예비해 주신 소산을 먹게 됩니다. 마지막까지 한결같은 믿음으로 승리하는 삶이 되기를 소망합니다.

말씀의 가지

하버드 대학교의 정치 철학자 존 롤스의 중요한 개념 가운데 하나가 '공적 이성(Public Reason)'이다. 그것은 정치 논쟁에서는 모든 사람이 이해할 수 있는 언어와 논리를 사용해야만 우리가 "서로 변론"(이사야 1:18)할 수 있다는 뜻을 함축한다. 서로 변론한다는 생각은 도덕적 언어가 붕괴하고 '나는 해야 한다'는 어법이 '나는 원한다', '나는 선택한다', '나는 느낀다'는 어법으로 바뀐 20세기에 치명적인 타격을 입고 말았다. 시각을 강조하는 텔레비전은 소리의 문화가 아니라 보기의 문화를 만들어냈다.

(Jonathan Sacks, 차이의 존중(말글빛냄 2007), p.17)

말씀의 꽃 · 나만의 일독 큐티

말씀의 열매 · 기도 제목

7월

9

구름으로 덮으시리라

일독 성경 이사야 4장 1–6절(이사야 4–6장 中)

말씀의 씨앗

씨앗말씀 · 오늘 내게 심어진 한 절 말씀

그 날에 일곱 여자가 한 남자를 붙잡고 말한다고 하십니다. 전쟁으로 남자들이 많이 죽고 의지할 곳이 없음을 봅니다. 하나님을 떠난 백성이 고통을 받는 장면입니다.
그러나 또 그 날에 여호와의 싹이 아름다울 것이라고 예언합니다. 생명이 하나님의 손에 있습니다. 모든 것이 죽고 황폐해서 아무런 생명이 없을 것 같은 땅에 하나님의 생명력은 어김없이 나타납니다.
시온에 남아 있는 자들이 그렇습니다. 세상이 어둠에 뒤덮혀 아무것도 보이지 않을 때에 하나님은 자신의 백성을 예비하시고 숨겨 두사 그 빛의 발원이 되게 만드십니다. 더러움을 씻어 내고 회개하며 돌아온 자신의 백성을 하나님은 받아 주시고 정결하게 하십니다. 낮에는 구름기둥으로 밤에는 불기둥으로 보호하시고 인도하십니다. 광야 길을 걷던 이스라엘 백성에게 주신 축복이 오늘날까지 변함없이 우리에게 내려집니다.
무더운 여름날 구름이 해를 가려 주는 똑같은 환경 속에서 어떤 이는 나를 위하여 하나님이 구름을 주셨다고 생각합니다. 어떤 이는 우연히 내가 밖에 거닐 때 구름이 덮였다고 생각합니다. 어떤 이는 생각하지 않습니다. 똑같은 상황이지만 감사하는 사람에게 주시는 은혜는 감격과 감사와 즐거움으로 가득하게 됩니다.
작은 일이라도 우리가 할 것은 감사입니다. 하나님이 행하셨음을 인정하고 믿음으로 고백할 때에 우리의 인생이 진정한 기쁨을 누리게 됩니다. 날마다 감사가 차고 넘치는 삶이 되기를 소망합니다.

말씀의 가지

악한(화울–로스)는 세상 악한 것이 가득하게 된다. 세상에는 썩어질 가치 없는 천박한 나쁜 모든 열매들이 가득하게 열리며 그 열매들을 자랑하는 세상적이요, 정욕적이요, 마귀적인 지혜가 가득하게 열리는 것이 세상 인간의 지혜이다(약 3:14–16). 세상 인간의 지혜자에게 "스스로 지혜롭다 하며 스스로 명철하다 하는 자들은 화 있을진저"(이사야 5:21)라고 책망하신다. 세상 인간의 지혜는 우준하고, 어리석고, 미련하여 멸망의 길로 찾아가면서 지혜의 근본이신 하나님을 불신하여 경외하지 아니하는 우준한 자의 지혜이며 어리석은 자의 지혜이다.

(정기홍, 새롭게 할 성령론(좋은땅 2011), p.285)

말씀의 꽃 · 나만의 일독 큐티

말씀의 열매 · 기도 제목

7월 **10**

부지깽이 같이

일독 성경 이사야 7장 1-9절(이사야 7-9장 中)

말씀의 씨앗

씨앗말씀 · 오늘 내게 심어진 한 절 말씀

요담의 아들 아하스가 유다의 왕이 됩니다. 아람과 이스라엘이 연합하여 유다를 공격할 때 하나님은 이사야를 보내어 예언의 말씀을 전하십니다.

"걱정하지 말고 두려워하지 말라.
두 나라가 공격한다 할지라도 부지깽이 같을 것이다."

부지깽이는 화로에 나뭇가지 등을 태울 때 쓰는 나무입니다. 불이 잘 타도록 젓는 도구입니다. 얇습니다. 그리고 쉽게 부러뜨릴 수 있습니다.
하나님이 임하셔서 역사하시면 아무리 동맹하여 강한 적이라도 쉽게 이길 수 있습니다. 승리의 주관자가 하나님이시기 때문입니다. 보이지 않는 곳에서 나를 넘어뜨리려고 음모를 꾸미고 동맹하여 다가온다 할지라도 두려워 할 이유가 없는 것은 사람은 보지 못해도 하나님은 보고 계시기 때문입니다. 악한 도모는 성공하는 것 같으나 결국은 심판을 면치 못합니다.

실패는 눈 앞에 나타나는 것으로 증거되는 것이 아니라 마지막에 드러나게 됩니다. 믿음의 성도들의 승리는 이미 예비되어 있습니다. 단지 현재 당하는 고난과 고통이 힘겨울 뿐입니다. 하나님을 신뢰하십시오. 하나님은 변함없이 우리를 붙잡아 주고 계십니다.

말씀의 가지

아하스왕

'그(여호와)가 붙잡고 있다'는 뜻. 유다 제12대 왕으로(B.C. 735–716년), 20세에 왕위를 물려받아 4년간 부친(요담)과 섭정했으며(왕하 16:2), 16년간(대하 28:1) 통치했다(이중 12년간은 아들 히스기야와 공동 통치한 것으로 추정, 왕하 18:1,9,10). 그는 재위 기간 중에 여호와의 말씀을 무시하고 외세를 의존했으며, 배교와 가증한 우상 숭배 등으로 유다의 부패를 촉진시켰다. 특히 하나님께서 이스라엘 앞에서 쫓아내신 이방인들의 가증한 풍습을 좇아 자기 아들을 불살라 우상에게 제물로 바치는가 하면(왕하 16:3–4; 대하 28:2–4), 우상을 제조하고(사 2:8), 우상의 제단을 만들어 제사 드렸으며(왕하 16:11–14), 다메섹(아람)의 신들에게 도움을 구했다(대하 28:22–23). 그리고 성전 기구를 파괴하고 성전 문을 닫았으며, 유다의 각 성읍마다 산당을 세우고 푸른 나무 아래서 분향하였다(대하 28:22–25).

(라이프성경사전(생명의말씀사 2006), 아하스[Ahaz])

말씀의 꽃 · 나만의 일독 큐티

말씀의 열매 · 기도 제목

7월

11

사자가 소처럼 풀을 먹는 세상

일독 성경 이사야 11장 1-9절(이사야 10-12장 中)

말씀의 씨앗

씨앗말씀 · 오늘 내게 심어진 한 절 말씀

이사야는 메시아가 올 것을 예언합니다. 예수님은 마굿간에 태어나셨지만 그는 왕으로 오셨고 이 땅을 회복시키십니다. 사무엘이 이새의 집에 왕으로 지명된 사람을 찾으러 갔을 때 아무도 다윗이 왕이 될 것이라고는 상상하지 못하던 그때의 모습처럼, 인간의 몸을 입으시고 가장 낮은 자리로 임하실 예수님을 예언합니다. 사람의 칭찬받는 모습과 말이 아니라 오직 중심을 보시는 하나님을 통하여 우리를 주관하시고 공평과 정직으로 우리를 판단하시고 인도하여 주십니다.

가난한 사람이라고 무조건 선하게 여기지 않고 정확하고 공평하게 보시고 오직 약속의 말씀을 따라 판단하시고 심판하십니다. 이제 예수 그리스도를 통하여 세상이 다시 회복될 때에는 양과 이리가 함께 살며 표범이 어린 염소와 함께 누우며 송아지와 어린 사자와 살진 짐승이 함께 있어 어린아이가 끌어도 이끌려다니는 상상 속의 일이 일어납니다. 사자가 풀을 먹고 어린아이가 독사의 굴에 손을 넣어도 물리지 않고 해 됨도 상함도 없는 세상, 하나님의 그림은 바로 평화로운 세상입니다. 죄로 분리되고 싸우고 갈등하고 괴로워하는 구조가 아니라 협력하고 화목하고 함께하고 사랑하는 세상입니다. 하나님의 나라가 회복될 때에 참여하는 사람이 되기를 소망합니다. 오직 진정한 축복은 하나님 안에 있음을 깨닫고 우리를 위하여 한 번도 변하지 않으신 예수 그리스도를 의지함으로 기쁨을 누리는 삶이 되기를 바랍니다.

말씀의 가지

이새의 뿌리 [the Root of Jesse]
이사야 11장은 이새에 대하여 두 번 말한다. 1절은 그리스도가 이새의 줄기에서 나온 싹이요 이새의 뿌리에서 나온 가지라고 말한다. 그리스도는 그로부터 나오셨다. 10절은 그리스도가 이새의 뿌리, 즉 이새가 그리스도에게서 나왔음을 가리킨다.
'이새'는 다윗의 아버지를, '뿌리'는 '자손'을 가리키는 문학적 표현이다. 따라서 '이새의 뿌리'란 다른 말로 '다윗의 자손'을 일컫는다. 이는 다윗 왕조의 부흥을 일컫는 표현인 동시에 메시아이신 예수를 일컫는다(롬 15:12; 계 22:16).

(교회용어사전(생명의 말씀사 2013), 이새의 뿌리)

말씀의 꽃 · 나만의 일독 큐티

말씀의 열매 · 기도 제목

7월 12

떨어진 별

일독 성경 이사야 14장 12–20절(이사야 13–15장 中)

말씀의 씨앗

씨앗말씀 · 오늘 내게 심어진 한 절 말씀

별은 하늘에 있을 때 별입니다. 그 밝은 빛으로 밤하늘을 수놓아 아름다움을 드러냅니다. 떨어지면 별똥별이 됩니다. 마침내 사라지고 맙니다.

사딘을 지칭하는 루시퍼는 '밝은 별'이라는 의미입니다. 오늘 이사야의 예언을 통하여 사단의 마지막을 보게 됩니다. 하나님과 자신을 비교하고 자신을 높이려던 사단은 결국 음부의 가장 낮은 곳으로 떨어지는 심판을 받습니다. 하나님을 넘어서려는 교만이 부른 마지막입니다. 천사장으로 가장 사랑을 받았지만 결국 교만으로 넘어지고 맙니다. 하나님의 심판을 피할 수가 없게 되었습니다.

그러나 반대로 우리 믿는 사람들에게 예비된 영광의 나라를 기대하게 합니다. 능력은 하나님의 손에 있습니다. 내가 했다고 생각하는 순간부터 교만이 들어옵니다. 겸손과 섬김과 헌신으로 살아갈 때 낮추는 자는 높이시는 하나님의 영적 원리가 우리의 인생을 행복하게 만들어 주십니다. 비록 고난과 역경이 있다 할지라도, 그 길이 좁고 험난하다 할지라도 겸손히 하나님을 믿음으로 나아갈 때에 결국 마지막에 웃는 사람은 겸손한 성도입니다.

하나님께서 주시는 은혜와 사랑이 가득한 삶이 되길 기도합니다.

말씀의 가지

대선지자 중 한 명인 이사야는 노래로 자주 예언했었다. 이사야서를 살펴보면 '경고'(burden, 개역개정에서는 이 단어를 '묵시' 혹은 '경고'로 번역하였음)라는 용어가 자주 등장한다. 예를 들어, 13장 1절에 '바벨론에 대하여 받은 경고라', 14장 28절에 '아하스왕이 죽던 해에 이 경고가 임하니라' 등이다.

'경고'라는 용어는 히브리어 마사에서 파생된 단어로 '발언하다'라는 뜻이다. 일차적으로는 재판을 선언함을 뜻하며 특별한 경우에는 예언을 노래로 부른다는 의미를 가지고 있다.

(Lamar Boschman, 여호와의 노래: 음악의 역할(HPWM 출판부 2009), p.65)

말씀의 꽃 · 나만의 일독 큐티

더 생각해 보기

1. 하늘에서 떨어지고 땅에 찍히는 건 무엇을 의미하는가?(12절)
2. 하늘에 올라 자리를 높인다는 건 무엇을 뜻하는가?(13절)
3. '너를 보는 이'는 어떤 사람을 가리키는가?(16절)
4. 이름이 불려지지 않는다는 것은 무엇을 말하는가?(20절)
5. 나의 삶에서 내 스스로 내 자리를 높이려 하진 않았는가?

7월

13

시온산에 이르리라

일독 성경 이사야 18장 1–7절(이사야 16–18장 中)

말씀의 씨앗

씨앗말씀 · 오늘 내게 심어진 한 절 말씀

에디오피아 땅에 앗수르가 영향을 미치게 됩니다. 에디오피아 사람들은 전쟁의 위협 속에 유다와 동맹하여 싸울 것을 원합니다. 에디오피아 사람들은 주변 나라에 비하여 외모가 준수하고 이사야의 예언에도 나타나듯이 주변 나라들이 두려워할 만한 나라입니다. 그렇지만 앗수르의 승승장구 앞에서는 지금 위기입니다. 북이스라엘이 멸망하고 유다 역시 같은 상황입니다. 그러나 익은 포도와 같이 지금 강성한 모습이지만 농부가 가지를 치듯 하나님이 쳐버리시면 아무 소용이 없습니다.

열왕기하 19장 말씀에서와 같이 이사야의 예언대로 하나님의 사자가 밤사이 모든 앗수르 군사를 물리치고 산헤립 왕은 아들에 의해 죽임을 당합니다. 유다가 싸운 것이 아닙니다. 하나님이 싸우셨습니다. 에디오피아 사람들이 동맹을 위하여 1차 방문 하였다면 다시 방문할 때에는 동맹이 아닌 경의를 표하러 오게 될 것을 이사야는 예언하였고 그대로 승리하였습니다. 세상은 사람이 싸우고 조건과 환경의 지배를 받는 것 같지만 그러나 속으로 들어가면 언제나 하나님이 행하고 계심을 알게 됩니다. 하나님이 함께하시면 스스로 높아지지 않아도 존귀히 여김을 받게 됩니다. 날마다 하나님을 의지함으로 승리하는 삶이 되기를 소망합니다.

말씀의 가지

인도에 수반되는 능력은 타락하지 않고 오히려 새로운 능력을 준다. 우리로 하여금 인도하시는대로 살 수 있게 한다. 성경에는 이러한 예가 풍부하다. 주님의 환상을 보고 압도당한 선지자 이사야의 경우가 그렇다. "화로다 나여 망하게 되었도다. 나는 입술이 부정한 사람이요 나는 입술이 부정한 백성 중에 거주하면서 만군의 여호와이신 왕을 뵈었음이로다." 이사야가 말을 마치자 하나님은 천사를 시켜 이사야의 입을 깨끗하게 하셨다. 하나님이 말씀하신다. "내가 누구를 보내며 누가 우리를 위하여 갈꼬?" 이에 이사야가 대답한다. "내가 여기 있나이다. 나를 보내소서." 이사야의 말은 오늘날까지도 큰 영향을 미친다. 그는 하나님의 인도를 따랐을 때 비로소 능력을 갖게 되었다.

(Brent Bill, 하나님의 여행자(넥서스Cross 2009), p.87)

말씀의 꽃 · 나만의 일독 큐티

말씀의 열매 · 기도 제목

7월

14

벗은 선지자의 예표

일독 성경 이사야 20장 1-6절(이사야 19-21장 中)

말씀의 씨앗

씨앗말씀 · 오늘 내게 심어진 한 절 말씀

앗수르가 아스돗을 쳐서 취하던 때에 하나님께서 이사야에게 말씀하십니다.

"가라. 네 허리에서 베를 끄르고 네 발에서 신을 벗을지니라."

상식으로 이해되지 않는 것을 명하셨음에도 이사야는 하나님께서 명하신 그대로 순종하였습니다. 그 뒤에 하나님께서 왜 그런 명령을 내리셨는가 설명해 주십니다. 바로 애굽과 구스를 향한 하나님의 예언의 징조와 예표를 위한 것이었습니다. 당대에 애굽과 구스는 강국이었습니다. 강한 힘을 소유한 나라였습니다. 그런 나라를 이스라엘이 의지하였습니다. 하나님을 의지해야 하는 이스라엘이 눈앞에 직면한 현실 앞에서 세상의 흐름에, 그리고 세상의 권력에 눈이 가려져 잘못된 것을 붙잡고 있었던 것입니다. 능력은 어떤 힘이나 세상의 지식을 많이 소유한 것이 아니라 주님을 의지하는 것이 유일한 능력임을 고백합니다. 하나님께서 예언하신 대로 영원할 것 같았던 애굽과 구스가 수치를 당하게 되고 그것을 지켜보는 자들이 다 놀라 두려워할 것입니다. 세상의 가치관과 흐름 속에서 중심을 잃지 않고 약속하신 것을 반드시 이루시는 주님의 신실하심을 의지함으로 참된 능력 가운데 거하는 삶이 되기를 소망합니다.

말씀의 가지

이사야 19:5에는 종려나무의 나뭇가지와 갈대를 대비시켜서 존귀(종려나무)와 비천(갈대)으로, 머리와 꼬리로 표현하고 있는데 성경에서 갈대는 고귀한 식물 대접을 받지 못했음을 알 수 있다. 갈대가 생육하는 곳을 여러 곳에서 인용하고 있다. 출애굽기 2:3에 모세를 파피루스 상자에 담아 강가 갈대 사이에 두었다는 것과, 욥기 8:11에 왕골(파피루스)이 진펄이 아니고 나겠으며 갈대가 물 없이 자라겠느냐 이런 것들은 일찍이 마르나니 하나님을 잊어버리는 자의 길은 다 이와 같다고 했다. 이사야 19:6은 애굽에 대한 경고인데 하나님이 애굽을 쳐서 바닷물이 없어지게 하고 강이 마르겠으며, 시냇물이 마르므로 갈대와 부들이 시들겠고, 나일강 유역의 곡식밭이 다 말라 없어진다고 하셨다.

(최영전, 성서의 식물(아카데미서적 1996), p.242)

말씀의 꽃 · 나만의 일독 큐티

말씀의 열매 · 기도 제목

7월

15

오직 여호와의 이름만을 영화롭게 하라

일독 성경 이사야 24장 1-15절(이사야 22-24장 中)

말씀의 씨앗

씨앗말씀 · 오늘 내게 심어진 한 절 말씀

이사야 23장에서 마지막 열두 번째 예언의 대상인 두로와 시돈에 대해 경고하신 후 24장에서는 앞서 선포한 나라들에 대한 예언의 결론을 열고 있습니다.

선지자들을 사용하셔서 경고하시고 예언하시는 하나님을 통해 우리는 무엇을 알 수 있습니까? 바로 죄의 심각성입니다. 하나님께서 죄를 얼마나 심각하게 바라보시는가를 알 수 있습니다. 율법을 범하고 율례를 어기며 영원한 언약을 깨뜨리는 것을 엄하게 처벌하시는 분이심을 알 수 있습니다.

영원할 것 같았던 것이 공허하게 되고 뒤집어 엎어지며 흩어지는 것을 보는 이들에게 남는 것은 좌절뿐일 것입니다. 하나님께서 경고를 주시는 이유는 무엇입니까? 회개하고 다시 돌아오길 원하시는 하나님의 사랑을 깨닫게 하시기 위함입니다. 두려워하며 쓰러져 있다가 심판을 받는 것이 아니라 그 자리에서 일어나 돌이키길 원하는 것이 하나님의 마음입니다.

하나님께선 우리가 진정한 회개를 하길 원하십니다. 세상의 어떠함이 아니라 오직 하나님만을 의지함으로 주님의 이름을 영화롭게 해 드리는 삶이 되길 소망합니다.

말씀의 가지

기원전 8세기에 세계사적인 사건 하나가 발생하는데, 고대 근동 신 아시리아 제국의 팽창 정책이었다. 당시 아시리아의 산헤립이 특공대를 끌고 유다를 침공했다. 이때 히스기야는 예루살렘의 성벽을 다시금 정비하고 성채를 두르는 계획을 감행하게 된다(이사야 22:9-10). 예루살렘 올드 시티 내의 유대인 구역에 가면 히스기야가 그 당시 손수 세웠던 성벽의 일부가 남아있는 것을 보게 되는데, 그 역사성의 신비로움에 놀랄 지경이다. 이 구조물은 1970년대 나흐만 아비가드 교수가 발굴해 냈다. 65m의 길이와 7m의 폭, 그리고 8m의 높이로 된 이 돌성은 당시 아시리아의 침공에 대항하기 위해서 세웠던 성체였다.

(이요엘, 고고학자들의 카리스마를 클릭하라(평단문화사 2006), p.208)

말씀의 꽃 · 나만의 일독 큐티

말씀의 열매 · 기도 제목

7월

16 하나님께로 돌아가는 사람

일독 성경 이사야 27장 1-13절(이사야 25-27장 中)

말씀의 씨앗

씨앗말씀 · 오늘 내게 심어진 한 절 말씀

이사야는 하나님이 선택하신 백성들을 괴롭히는 세력들을 악어 같은 강한 동물로 비유합니다. 그들이 아무리 강할지라도 곧 하나님의 심판을 받게 될 것이라고 예언했습니다. 그리고 하나님이 아름다운 포도원을 가꾸는 포도원지기와 같이 하나님의 백성들을 보호하시고 기르실 것이며, 그들이 반드시 풍성한 열매를 맺을 것을 선포했습니다. 좋은 땅에 뿌리를 내린 나무가 좋은 열매를 맺을 수 있습니다.

우리가 세상을 살아가면서 무엇에 뿌리를 내리는지가 중요합니다. 우리의 삶의 열매들이 하나님의 손길로 맺어진 것을 발견하게 될 것입니다.
하나님의 징계는 그분의 백성과 그분을 대적하는 자들에게 각기 다른 목적이 있습니다. 대적자들에 대한 심판은 완전한 멸망입니다. 그러나 하나님의 백성에 대한 징계는 멸망이 목적이 아니라 잘못을 깨닫고 회개하여 돌이키기 위한 사랑입니다.

우리도 생활 가운데 하나님보다 세상의 가치들을 귀하게 여기며 하나님을 외면할 때가 있습니다. 그럴 때 찾아오는 고난의 의미를 분별할 수 있어야 합니다. 그 고난은 하나님이 죄의 길로 들어선 우리의 발길을 돌이키고, 하나님의 약속으로 인도하시는 사랑의 매입니다. 우리가 분별력 있게 죄의 길에서 돌아선다면, 회복된 삶을 다시 시작할 수 있습니다. 매일 말씀을 묵상하며, 하나님이 들려 주시는 음성을 따라 행동하는 삶이 되기를 바랍니다.

말씀의 가지

신뢰를 선택하면 두렵지 않을 것이다. 그러나 두려움을 선택한다면 신뢰하지 않는 것이다. 신뢰는 하나님께 첫째 자리를 내어드리고 하나님이 원하시는 대로 사는 것이다(이사야 26:3). 내가 하나님인 척하는 것이 두려움의 뿌리이다. 자기가 하나님인 척 하는 행동은 인간의 능력을 신뢰하기 때문이다. 솔직해지자. 당신의 삶에서 하나님은 어떤 분인가? 우리가 두려워하는 모든 일은 하나님을 신뢰할 수 있는 기회다. 하나님의 임재는 우리 마음과 생각의 한구석에 숨어 있는 두려움을 쫓아내기에 충분하다. 그러므로 우리는 두려워할 게 없다. 똑똑하거나 충분한 능력이 있어서가 아니라 하나님의 양이기 때문이다(시편 23편).

(Mary Southerland, 평안하게 산다는 것(도마의길 2008), p.159)

말씀의 꽃 · 나만의 일독 큐티

말씀의 열매 · 기도 제목

7월

17

사람의 계명과 하나님의 계명

일독 성경 이사야 29장 13-24절(이사야 28-29장 中)

말씀의 씨앗

씨앗말씀 · 오늘 내게 심어진 한 절 말씀

하나님의 말씀을 잘 받아들이지 못하는 사람들의 특징은 성경을 아무리 읽어도 자신의 고정된 생각을 벗어나지 못하는 것입니다. 사람의 가르침이 성경보다 위에 있다는 것입니다.

"이 백성이 입으로는 나를 가까이하며 입술로는 나를 공경하나
그들의 마음은 내게서 멀리 떠났나니
그들이 나를 경외함은 사람의 계명으로 가르침을 받았을 뿐이라."

소경이 소경을 이끌면 반드시 실수하게 되어 있습니다. 성경의 가르침보다 사람의 가르침에 더 빠르게 반응하고 행동한다면 반드시 실수하게 되어 있습니다. 사람의 계명을 따르고 인정하는 순간, 그것이 마치 나를 높여주는 것 같고 내 편이 되어 주는 것 같고 내가 대단한 사람같이 느껴질지 모르나 결국 다 함께 망하는 길이 됩니다. 하나님의 계명은 하나님 앞에서 겸손한 자세로 기다릴 줄 알며 핑계대지 않습니다. 여기서 하나님의 계명은 무엇일까요? 예수 그리스도의 일하심과 십자가와 부활의 완전성을 믿어야 합니다. 확신해야 합니다. 예수 그리스도의 올바른 가르침이 내 안에서 접수될 때 하나님의 회복의 역사가 일어나는 것입니다. 오늘도 성도님들 마음 가운데 성령님께서 함께하셔서 하나님의 계명이, 하나님의 가르침이 무엇을 말하고 있는지 분별할 줄 아는 하루가 되기를 소망합니다.

말씀의 가지

아리엘 [Ariel]

'하나님의 제단' 곧 '성전의 제단'이란 뜻 외에 '하나님의 사자', '하나님의 산(도시)'으로도 해석된다. 하나님의 전이 위치한 예루살렘을 가리키는 암시적이고 시적인 명칭(사 29:1-2,7). 이사야는 예루살렘 주민들의 외식적인 신앙 행태로 인해 재난당하게 되었음을 선포할 때, 앗수르의 침입으로 제단의 불처럼 불타 버릴 예루살렘을 연상하면서 비탄조로 '아리엘'을 부르고 있다.

(라이프성경사전(생명의말씀사 2006), 아리엘)

말씀의 꽃 · 나만의 일독 큐티

말씀의 열매 · 기도 제목

7월 18

고쳐 주시는 하나님

일독 성경 이사야 30장 23-26절(이사야 30-32장 中)

말씀의 씨앗

씨앗말씀 · 오늘 내게 심어진 한 절 말씀

아람 나라 국방장관이었던 나아만은 나병 환자였습니다. 그는 요단강에 일곱 번 몸을 담그라는 엘리사 선지자의 명령대로 순종하여 나병을 고쳤습니다. 이 사건은 지위, 신분, 나이, 귀천을 떠나 누구든지 하나님의 말씀에 순종해야 고침 받을 수 있다는 교훈을 주고 있습니다. 히스기야도 병으로 죽게 된다는 사형 선고를 받았습니다. 그러나 그는 포기하지 않고 하나님께 기도하였습니다. 그는 얼굴을 벽으로 향하고서 통곡하며 기도했습니다. 결국 하나님은 그의 기도를 들으시고 병을 고쳐 주셨습니다.

예수님이 3년간 공적 사역을 하시는 동안 세 가지 일을 하셨습니다. 가르치시는 일, 전파하시는 일, 고치시는 일이었습니다. 예수님을 만난 사람들, 예수님이 손을 대신 사람들, 예수님의 말씀을 들은 사람들은 한결같이 고침 받았고 문제를 풀었습니다. 예수님을 통해 고침 받은 사람들의 공통점과 특징이 있습니다. 그것은 예수님을 만났다는 것, 하라는 대로 순종했다는 것, 그리고 믿었다는 것입니다. 우리 역시 주님을 만나야 합니다. 그리고 하라고 하시는 대로 해야 합니다. 26절에 "여호와께서 자기 백성의 상처를 싸매시며 그들의 맞은 자리를 고치시는 날에는"이라고 했습니다. 하나님이 이스라엘을 고치시는 날에 비를 내리사 메마른 골짜기와 시내에 물이 흐르게 하시고 풀이 돋고 나무가 되살아나고 짐승이 물을 마시고 뛰어 노는 회복을 주신다는 것입니다. 하나님은 건강만 회복시키시는 분이 아니라 환경도, 자연도, 역사도, 사람도 다 고치시고 회복시키십니다. 어두운 것이 밝아지고 침울한 것이 환해지고 막힌 것이 시원하게 뚫린다는 것입니다. 하나님의 은혜를 만나면 어둡고 우울하고 침울하던 얼굴이 맑고 밝아집니다. 하나님의 고치심을 믿고 기대하면서 살아가는 성도가 되기를 소망합니다.

말씀의 가지

여러분은 기도의 목적이 하나님과의 교제입니까, 아니면 문제 해결입니까? 이사야 30장 1절에서 느끼는 하나님의 마음은 무엇입니까? 예수전도단에서 선교선 아나스타시스호를 사기 위해 뉴질랜드에서 모금 캠페인을 한 적이 있습니다. 많은 헌금이 온라인으로 들어올 때 모두 흥분했습니다. 마지막 잔금만 치르면 되는 어느 날, 로렌 커닝엄 목사님이 회의를 마치고 나서는데, 회의장 어두운 구석에 누가 서 있는 환상을 보았습니다. 예수님이었습니다. 선교선을 구입하여 사역하는 것에 모든 관심을 기울이느라고 정작 예수님은 잊어버렸던 것입니다. 그날로 모금이 뚝 그쳤고 배 구입은 좌절되었습니다. 그 후 언제나 예수님과 모든 일을 의논하며 사역함으로써 오늘날의 예수전도단이 되었습니다. 기도의 가장 큰 기쁨은 하나님을 체험하는 것입니다.

(유기성, 예수님의 사람2(넥서스Cross 2009), p.33)

말씀의 꽃 · 나만의 일독 큐티

말씀의 열매 · 기도 제목

7월 19

의지하지 말아야 하는 3가지

일독 성경 이사야 31장 1-9절(이사야 33-35장 中)

말씀의 씨앗

씨앗말씀 · 오늘 내게 심어진 한 절 말씀

우리는 내 방법대로 내 생각대로 응답해 주시지 않는다고 실망하고는 기도하기를 포기할 때가 있습니다. 그러나 하나님의 방법은 기다려야 합니다.

하나님의 응답은 전적인 하나님의 은혜입니다. 이사야 당시 유다 정치가들은 앗수르의 위협을 느끼고 애굽의 군사력을 의지하려고 했지만 그것은 오히려 화를 부르는 행위였습니다. 하나님께서 애굽으로 가지 말라고 하셨습니다. 어려울수록 주님 앞에 나와야 합니다. 하나님께서는 이스라엘 백성들이 회개하고 돌아오기를 원하십니다. 하나님보다 더 의지하는 것이 있다면 버려야 합니다. 하나님 앞에 내가 만든 다른 우선순위를 내려놓고 하나님을 바라보면 대신 일어나서 싸우십니다.

힘들고 어려울 때 오직 하나님만 의지하십시오. 그리고 무엇보다 기도하십시오.
세월은 우리를 피곤하게 하지만 포기는 영혼을 병들게 합니다. 믿음의 기도를 포기하지 않으면 믿음대로 되고, 생각대로 됩니다. 끝까지 하나님의 방법으로 순종하는 성도들 삶 가운데서 기도한 대로 승리하는 하루가 되기를 소망합니다.

말씀의 가지

만약 구약성경을 산맥에 비교한다면 이사야 35장은 그 산맥의 가장 높은 봉우리가 될 것이다. 선지자는 이스라엘의 미래에 관한 꿈과 하나님의 백성에게 어떻게 복이 임하는가를 기록하였다. 이사야의 예언은 예수 그리스도를 메시아로 믿는 이들을 흥분시킬 만하다. 이사야 35장 5–8절은 선지자에 의해서 기록된 말씀 중에 가장 유쾌한 말씀 가운데 하나이다. 이 말씀은 암흑 가운데 한 줄기 빛이고 순례자에게 용기를 주는 광선이다. 훌륭한 길이 거기 있다. 많은 여행자들이 이 길을 이용할 것이다.

(Ivor Powell, 예수의 이름들(요나 1998), pp.57–58)

말씀의 꽃 · 나만의 일독 큐티

더 생각해 보기

1. 당시의 병거와 마병은 오늘날 무엇을 의미할까?(1절)
2. 여호와를 구하지 않는다는 것은 무엇을 의미하는가?(1절)
3. 애굽 사람이 신이 아니라고 말한 이유는 무엇일까?(3,5절)
4. 사람의 칼로 말미암지 않는다는 것은 무엇을 의미하는가?(8절)
5. 지금 내 안에 있는 병거와 마병은 무엇인가?

7월
20 히스기야의 기도

일독 성경 이사야 37장 21-38절(이사야 36-38장 中)

말씀의 씨앗

씨앗말씀 · 오늘 내게 심어진 한 절 말씀

앗수르는 강대국입니다. 그리고 적국입니다. 히스기야에게 계속해서 조롱과 위협을 반복합니다. 그때 이사야가 와서 말합니다.

"흔들리지 마십시오. 하나님이 함께하십니다."

그러나 또 앗수르가 와서 위협을 합니다. 가지고 온 위협하는 편지를 받아든 히스기야는 이제 성전에 올라가서 기도를 시작합니다. 세상에 위협이 없을 때 행복한 것이 아니라 위협 속에서도 의지할 하나님이 계시다는 것이 행복입니다.

성전에 가서 기도하는 히스기야는 세상에서는 왕이라도 하나님 앞에서는 어린아이와 같이 앗수르의 무례함과 위협에 대하여 부르짖습니다.

"천지를 지으신 하나님 외에는 아무도 해결할 수가 없습니다.
우리 하나님 여호와여 이제 우리를 그의 손에서 구원하사
천하 만국이 주만이 여호와이신 줄을 알게 하옵소서."

기도의 목적도 대상도 이유도 모두 하나님만이 왕이시며 세상의 주관자가 되시며 승리의 근원임을 고백합니다. 우리의 삶에 세상의 기준이 아닌 하나님의 기준이 있을 때 그 사람의 인생은 진정한 승리를 맛보게 됩니다. 히스기야와 같이 위기 속에서도 당황하기보다는 하나님 앞에 기도함으로 승리하는 삶이 되기를 소망합니다.

말씀의 가지

기원전 701년에 앗수르의 산헤립왕이 예루살렘을 포위해 이제 예루살렘의 함락은 면할 수 없다고 생각될 때, 이사야의 '두려워 말라. 하나님의 도성은 하나님의 보호가 있는 한 흔들리지 않는다'는 말씀과 같이(이사야 36-37장) 기적적으로 구원을 받은 그때의 상황을 염두에 두고 노래한 것이라는 해석을 하고 있다. 그런데 근래에 와서는 제의적 배경에서 이해하고자 하는 사람이 많아졌다. 그러나 제의적인 배경만으로는 불충분한 듯하며 시 전체로부터 받은 인상은 우수한 한 예언자적 시인이 이스라엘의 신앙 전통을 배후에 업고 하나님의 영감에 의해 노래한 것으로 생각된다.

(석진우, 시편 노우트: 하나님은 우리의 피난처(말글빛냄 2007), p.306)

말씀의 꽃 · 나만의 일독 큐티

말씀의 열매 · 기도 제목

7월

21

유일한 하나님

일독 성경 이사야 41장 8-20절(이사야 39-41장 中)

말씀의 씨앗

씨앗말씀 · 오늘 내게 심어진 한 절 말씀

하나님은 이스라엘을 종이라고 표현하십니다. 내가 너를 싫어하지도 버리지도 아니하였다고 말씀하십니다. 주인과 종의 계급의 높낮이를 말씀하시는 것이 아닙니다. 아브라함이 아들 이삭의 신붓감을 구하기 위하여 종을 보냅니다. 그때 자기 집 모든 소유를 맡은 늙은 종이라는 표현이 나옵니다. 아브라함과 아들을 위해 신붓감을 구하러 가는 늙은 종은 주종의 관계를 넘어서는 믿음과 신뢰의 관계입니다.

하나님이 오늘 강조하시는 것은 바로 믿음입니다. 나쁜 주인은 종을 부려 먹다가 죽일 수도 있습니다. 나쁜 종은 주인의 재산을 손해 입히고 도망갈 수 있습니다. 그러나 아브라함이 가장 좋은 것으로 늙은 종에게 맡긴 것과 같이 하나님과 이스라엘의 관계는 바로 믿음의 관계입니다. 병들고 지치고 실패하고 좌절한 자라 할지라도 믿음의 관계가 형성되면 그 안에 평강을 더하십니다. 보라 새 타작기가 산과 작은 산들을 쳐서 부수고 겨 같이 만든다고 하셨습니다. 타작기는 곡식을 알곡과 쭉정이로 분리하는 것이지 산을 부수지 못합니다. 그러나 하나님은 하십니다. 연약한 우리를 통하여 세상 권세를 물리치시고 하나님의 통로로 사용하십니다.

세상은 죄악으로 도저히 회복될 수 없었습니다. 시간이 갈수록 문제는 깊어져 갔습니다. 그래서 하나님께서 독생자 예수 그리스도를 보내 주셨습니다. 하나님이 육신을 입으시고 우리를 대신하여 죽기까지 댓가를 치루셨습니다. 이것이 믿음의 대상입니다. 이것이 영혼의 생명수입니다. 모든 것이 예수 그리스도 안에 있습니다. 우리가 넘어지거나 낙심하지 않는 이유는 진짜를 가지고 있기 때문입니다.

날마다 기도하며 승리하는 삶이 되기를 소망합니다.

말씀의 가지

유다 왕 히스기야에 관한 이야기가 이사야 39장에 기록되어 있다. 그는 왕으로 재임하는 동안 두 번의 큰 위기를 경험했다. 하나는 앗수르 왕 산헤립이 침공하였으나 유다는 대적할 힘이 없었다. 이때의 상황을 열왕기하 19:3은 간단히 표현한다. "아이가 임산하였으나 해산할 힘이 없도다." 이때 성전에 올라가서 기도하는 히스기야왕의 기도를 들으신 하나님은 하룻밤 사이에 앗수르 군사 18만 5천 명을 물리쳐 주셨다. 그러나 이 승리의 기쁨이 가시기도 전에 두 번째 위기가 다가왔다. 히스기야가 중병에 걸린 것이다. 왕은 낯을 벽으로 향하고 심히 통곡하며 기도하는 중에 15년의 생명을 연장시켜 주시는 은혜를 받았다.

(최이우, 하늘비전(넥서스 2008), p.147)

말씀의 꽃 · 나만의 일독 큐티

말씀의 열매 · 기도 제목

7월 22

너는 내 것이라

일독 성경 이사야 43장 1-7절(이사야 42-43장 中)

말씀의 씨앗

씨앗말씀 · 오늘 내게 심어진 한 절 말씀

"나는 너를 창조한 여호와라. 두려워하지 말라.
내가 너를 구속하였고 내가 너를 지명하여 불렀나니 너는 내 것이라."

하나님이 우리에게 말씀하십니다. 너는 내 것이다. 우리를 소유하시고 보호하시고 인도하시는 이가 하나님이십니다. 무엇도 누구도 두려워할 필요가 없습니다. 아무것도 염려할 필요가 없습니다. 모든 것이 하나님의 손에 있기 때문입니다.

물 가운데 지날 때도 함께하시고 강을 지날 때도 침몰하지 않고 불 가운데로 지날 때에도 타지 않고 불꽃이 너를 사르지 못할 것이라고 말씀하십니다. 하나님이 함께하시면 아무것도 멈추게 하지 못합니다. 하나님은 우리를 지켜주시되 끝까지 지켜주십니다. 왜냐하면 하나님은 우리를 귀하게 여기시기 때문입니다. 믿음을 가진 우리를 향하여 이렇게 말씀하십니다.

"내가 너를 보배롭고 존귀하게 여기며 너를 사랑한단다."

하나님은 우리를 지으셨을 뿐만 아니라 세상의 무엇도 해하지 못하도록 보호하십니다. 그 무엇보다도 귀하게 여기시고 사랑하십니다. 우리는 스스로를 자책하거나 비하할 수 없습니다. 이미 하나님의 손에 소유되었기 때문입니다. 하나님이 귀하게 하신 것을 사탄이 감히 빼앗지 못합니다. 하나님을 바라보며 새로운 용기를 얻고 승리하는 삶이 되기를 소망합니다.

말씀의 가지

상한 갈대 [bruised reed]

문자적으로 '부러진 갈대'란 뜻. '죄로 인해 위기와 절망에 처한 존재'를 의미한다. 메시아는 이런 자들을 외면하지 않으시고 긍휼과 사랑을 베푸시며 구원하신다(사 42:3). 한편, 이 말은 무기력하고 허탄한 애굽을 비유적으로 나타내기도 한다(왕하 18:21).

(라이프성경사전(생명의말씀사 2006), 상한 갈대)

말씀의 꽃 · 나만의 일독 큐티

말씀의 열매 · 기도 제목

7월
23

질그릇 조각

일독 성경 이사야 44장 9-20절(이사야 44-46장 中)

말씀의 씨앗

씨앗말씀 · 오늘 내게 심어진 한 절 말씀

사람은 질그릇 조각 중 한 조각과 같고 사람 중 누구도 나는 왜 이런 부모 밑에 태어났는가 원망할 수 없습니다. 그것은 사람이 할 수 있는 결정도 영역도 아닙니다. 오직 하나님의 섭리 가운데 있습니다. 만들어진 그릇이 만든 이에게 손이 없다 할 수 없듯이 하나님만이 다스리십니다. 하나님께 장래 일을 물으면 말씀해 주시고 부탁하라고 말씀하셨습니다. 하나님을 온전히 바라보고 나아가면 아무리 어려운 일이라도, 아무리 좁은 길이라도 끝까지 하나님께서 붙잡아 주십니다.

하나님은 어둠에 계시지 않고 빛에 계십니다. 하나님 앞에 나아가면 모든 것이 드러나고 숨김이 없습니다. 오직 그 능력에 의지하면 세상은 안 된다 하여도 하나님이 이루어 주시고 응답하여 주십니다. 때론 더디다 느껴지지만 그것은 우리의 생각일 뿐 가장 선하고 아름다운 때와 방법으로 이루어 주십니다.

이후로 영원토록 하나님의 손으로 지음 받았다는 사실을 감사함으로 늘 승리하는 삶이 되기를 소망합니다.

말씀의 가지

여수룬 [Jeshurun]

'온전하고 의로운 자', '올바른 자', '곧은 사람', '고결한 자'라는 뜻. 하나님의 지극한 사랑의 대상이자 하나님과 친밀한 관계 속에 있는 이스라엘, 그리고 하나님의 은혜로 회복되고 구속받은 이상적인 민족을 가리키는 영적이고도 도덕적이며 또한 영광스럽고 시적인 명칭이다(신 33:5,26; 사 44:2). 그러나 신명기 32:15에서는 역설적으로 사용되는데, 즉 하나님의 은혜를 저버리고 범죄한 이스라엘을 견책하는 용도로 인용되고 있다.

(라이프성경사전(생명의말씀사 2006), 여수룬)

말씀의 꽃 · 나만의 일독 큐티

말씀의 열매 · 기도 제목

7월

24 처음이요 나중이라

일독 성경 이사야 48장 12-22절(이사야 47-49장 中)

말씀의 씨앗

씨앗말씀 · 오늘 내게 심어진 한 절 말씀

하나님은 자신이 처음과 나중이라고 말씀하십니다. 온 우주 만물을 창조하시고 세상 끝 날까지 주관자가 되십니다.

하나님은 하나님의 일을 이루시기 위하여 바사왕 고레스를 사용하십니다. 자신의 백성을 구원하는 도구로서 사용하십니다. 비록 우상 가운데 거하는 이스라엘 백성이지만 슬프다고 말씀하시며 그 길을 떠나기를 원하십니다.

"이제는 기억하라. 나는 비밀로 하지 않았다."

하나님은 말씀을 통하여 이스라엘 백성들이 애굽의 노예로 전락하였을 때에 모세를 세우셔서 건져내시고 광야를 지나 약속하신 땅을 소유하게 하셨습니다. 하나님은 약속을 지키시는 분이십니다. 숨기지 않으십니다. 지켜주십니다.

이제 우리가 할 일은 기억하는 것입니다. 하나님의 말씀의 약속을 기억하고 그 말씀대로 순종하면 성경의 모든 축복이 우리의 인생 길에 나타납니다. 날마다 말씀 붙잡고 승리하는 삶이 되기를 소망합니다. 하나님은 처음이요 나중이십니다.

말씀의 가지

히브리 성서에서는 가난을 불운으로 본다. 축복 안에는 당연히 재물도 포함되어 있다. 물질과 부를 하늘의 축복으로 보는 견해는 성서 이후 유대 문학에도 다양하게 표현되어 있다. 탈무드 문학의 초기 스승이었던 라삐 이스마엘과 라삐 아키바는 가난에 대해 날카롭게 대립되는 견해를 갖고 있었다. 라삐 이스마엘은 가난을 불행으로 보아 가슴 아프게 생각했는데, 라삐 아키바는 오히려 '가난은 이스라엘에게, 마치 백마의 목덜미에 단 붉은 리본처럼 되었다'고 했다. '나는 너희를 고생의 도가니 속에서 단련시켰다(이사야 48:10)'는 예언서의 한 구절을 탈무드는 이렇게 주석한다. '이것은 거룩하신 분께서, 그에게 축복을, 이스라엘에게 내리실 모든 덕목을 낱낱이 조사하신 결과 '가난'보다 더 어울리는 게 없음을 발견하셨다는 것을 가르쳐 준다.

(Abraham Joshua Heschel, 어둠 속에 갇힌 불꽃(한국기독교연구소 2008), p.199)

말씀의 꽃 · 나만의 일독 큐티

말씀의 열매 · 기도 제목

7월 25

주를 바라보다

일독 성경 이사야 50장 1–9절(이사야 50–52장 中)

말씀의 씨앗

씨앗말씀 · 오늘 내게 심어진 한 절 말씀

하나님은 우리를 버리지 않으십니다.

"내가 너희 어미를 내쫓거나 너희를 내쫓지 않았다.
단지 너희가 죄악으로 인하여 스스로 나갔다."

그러나 이제라도 돌아오기를 바라시는 것이 하나님의 마음입니다. 비록 고난을 통하여 우리를 깨닫게 하신다 할지라도 하나님의 마음은 언제나 우리를 사랑하시고 인도하시길 원하십니다. 이사야의 입을 통하여 세상이 우리를 미워하고 넘어뜨리고 때리고 괴롭게 한다 할지라도 우리를 인정하시는 분은 오직 한 분 하나님이심을 알게 하십니다. 세상이 조롱하고 미워하고 괴롭혀도 하나님은 떠나지 않으십니다.

그것을 보여 주신 증거가 바로 예수 그리스도이십니다. 아무리 억울하고 죽을 수밖에 없는 상황이 와도 우리를 원망하거나 미워하지 않으셨습니다. 그리고 십자가의 사랑으로 우리를 품으셨습니다.

왜 견딜 수 있느냐고 물으면 언제든지 대답할 이유를 주셨습니다. 예수님으로 인하여 우리는 인내할 수 있습니다. 나를 의롭다 하시는 이가 가까이 계시니 우리는 더 이상 세상의 기준으로 인하여 흔들릴 필요가 없습니다. 좁고 험해도 생명의 길 되시는 예수님을 붙잡고 승리하는 삶이 되기를 소망합니다.

말씀의 가지

전신 갑주의 첫 번째와 마지막에서는 하나님의 말씀에 대해 이야기한다. 진리로 허리띠를 띠라고 하신 것은 앞에서도 언급했던 바와 같이 늘 하나님의 말씀과 함께 사는 삶이 사탄을 이길 수 있는 능력이 되기 때문이라고 했다. 늘 말씀과 함께 사는 사람이라면 주님께서는 순간의 상황마다 필요한 말씀을 생각나게 해 주시고 사탄의 공격에 대해 승리하게 하신다. 이사야 50장 4절에서는 언제 그날의 말씀을 받는다고 했나? 아침마다 약 5분이나 10분 동안 한 구절의 말씀 앞에 잠잠히 머물면서 "주님, 이 말씀을 통하여 오늘 저에게 주실 깨달음이 있습니까?" 하고 잠잠히 기다려 보기 바란다. 그러면 주님께서는 신기할 정도로 그날 하루에 맞는 말씀을 주신다. 이것이 성령의 검이다. 말씀에는 능력이 있어서 듣고 배울 때 영적인 눈이 뜨인다.

(유기성, 예수님의 사람2(넥서스 2009), pp.291-292)

말씀의 꽃 · 나만의 일독 큐티

말씀의 열매 · 기도 제목

7월

26

실상은

일독 성경 이사야 53장 1-12절(이사야 53-55장 中)

말씀의 씨앗

씨앗말씀 · 오늘 내게 심어진 한 절 말씀

누구든지 믿어야 하는 것이 있습니다. 그것은 예수 그리스도만이 우리의 유일한 구원의 길이라는 것입니다. 그분은 마른땅에서 나온 줄기같이 연약한 모습으로 우리에게 오셨습니다. 그러나 그것은 우리와 같은 모습으로 함께해 주신 사랑입니다. 우리로 인해 질고와 슬픔을 당하셨지만 우리는 하나님께 맞으며 고난을 당한다 합니다. 그분은 우리의 허물과 죄로 인하여 찔리고 상함을 받으셨습니다. 우리의 평화와 회복은 그 사랑이 없이는 불가능합니다.

방황하고 죄악에 머물러 있는 우리를 위하여 예수님은 순종하셨고 모든 것을 참아내셨습니다. 도수장에 끌려가는 어린양과 털 깎는 자 앞의 양과 같이 침묵하셨습니다. 그러나 그것은 우리를 위한 속건제물로 자신을 드린 것입니다. 우리의 모든 죄를 담당하시고 우리를 자유하게 하시기 위한 사랑입니다. 철저한 순종이요 죄에 대한 완전한 댓가요, 세상에 대한 위대한 승리입니다. 범죄자 중 하나로 헤아림을 받았지만 실상은 우리의 죄를 지시고 범죄자를 위하여 기도하신 것입니다.

예수님을 닮은 모습은 어려움 속에서도 끝까지 믿음을 지켜나가는 것입니다. 손해를 보거나 고난을 당하거나 오해를 받더라도 실상은 하나님의 분명한 기준을 가진 사람이 되어 오직 하나님께 중심을 드리는 사람이 되기를 소망합니다.

말씀의 가지

"그를 찌른 것은 우리의 반역죄요 그를 으스러뜨린 것은 우리의 악행이었다. 몸에 채찍을 맞음으로써 우리를 성하게 해 주었고 그 몸에 상처를 입음으로써 우리를 치유해 주었다(이사야 53:5)." 읊조리는 동안, 혼란에 빠졌던 그에게 한줄기 밝은 빛이 비추었다. 잠시 뒤에 니고데모는 중대한 고백을 한다. "맞다, 거듭나는 것이다." 머리는 뜨겁고 마음이 차가운 오늘날의 그리스도인들도 어쩌면 니고데모와 비슷한 고민에 빠져 있을 것이다. 니고데모는 예수에게서 무엇인가 비범함을 발견했지만 산헤드린의 심문에서 스스로 '하나님의 아들'이라고 하는 예수의 답변에 그만 할 말을 잃고 만다. 그런 니고데모를 연민의 눈길로 바라보는 예수……그 눈길은 합리적인 판단과 논리적인 증명 과정을 거치지 않으면 무엇도 믿지 않는 오늘의 그리스도인에게 던지는 눈길이기도 하다.

(박태식, 영화는 세상의 암호(늘봄 2008), p.274)

말씀의 꽃 · 나만의 일독 큐티

더 생각해 보기

1. 우리의 질고를 지고 슬픔을 당한다는 건 무엇일까?(4절)
2. 주님의 길이 아닌 나의 길로 간다는 건 무슨 뜻일까?(6절)
3. 괴로움 속에서도 입을 열지 않을 수 있는 건 무엇 때문인가?(7절)
4. 다른 이의 죄를 짊어질 수 있었던 이유는 무엇이었을까?(10,12절)
5. 누군가를 위하여 누명이나 오해를 대신 받아 준 적이 있는가?

7월 27

중심을 드리라

일독 성경 이사야 58장 1-12절(이사야 56-58장 中)

말씀의 씨앗

씨앗말씀 · 오늘 내게 심어진 한 절 말씀

"크게 외치라. 목소리를 아끼지 말라. 네 목소리를 나팔같이 높이라. 그리하여 백성의 죄를 알게 하라."

사람의 눈치를 보지 않고 오직 하나님 뜻대로 전하는 것이 하나님의 말씀입니다. 세상이 번해도 변하지 않는 것이기에 끝까지 붙잡고 나아가야 할 것이 바로 말씀입니다. 금식을 통하여 우리가 어떻게 해야 하는가를 말씀하십니다. 열심으로 신앙생활을 하고 금식까지 하며 지켜 나갈 때 하나님이 응답하시지 않으면 원망하게 됩니다. 그러나 하나님은 말씀하십니다. 형식이 아니라 중심이다. 능력이 아니라 순종이다. 금식을 하면서 여전히 다툼과 미움이 있다면 무엇이 유익하고 무엇이 능력이 되겠는가? 진정한 금식은 모습에 있지 않고 중심에 있습니다. 흉악의 결박을 풀어주고 멍에를 꺽고 압제로부터 자유하게 하십니다. 치료하시며 그 의를 드러내십니다. 부를 때에 하나님이 응답하신다고 약속하셨습니다. 형식이 아닌 중심이 드려질 때입니다. 멍에와 손가락질과 허망한 말을 제하여 버리고 주린 자와 괴로운 자를 불쌍히 여기고 도와주면 하나님은 마치 물댄 동산같이 그 중심을 보시고 물이 마르지 않게 하시고 마른땅에서 만족함을 주시고 황폐한 곳이 다시 세워지고 파괴된 기초가 다시 쌓이고 무너진 데가 보수되며 길을 만들어 살 곳이 되게 하십니다. 불가능해 보이는 곳에 생명을 만드십니다. 우리의 죄악의 모습이 도저히 회복될 수 없는 소돔과 고모라와 같이 진노를 피할 수 없을 때에 하나님은 독생자 예수 그리스도를 보내사 약속하신 길을 친히 고난을 받으시면서 만들어 주셨습니다. 이것이 사랑입니다. 그리고 능력이며 소망입니다. 날마다 그 은혜에 감사함으로 예수님을 증거하는 삶이 되기를 소망합니다.

말씀의 가지

금식[fast, 禁食]

음식을 먹지 않음. 종교적 계율이나 서원한 것을 지키기 위해서, 혹은 개인적인 결심이나 의지를 드러내기 위해서 음식물을 먹지 않는 일. 성경에서 금식은 경건한 신앙 행위로, 하나님 앞에서 자신을 철저히 부인하고 낮추며 오직 하나님만을 의지하는 표로 간주되었다(레 16:29;사 58:6). 특별히, 고통 중에 참회할 때(삼상 7:6), 고인에 대한 슬픔의 표시로(느 1:4), 절박하고 간절한 요청(기도)을 위해(삼하 12:16), 하나님 앞에서 성직을 수행할 때(출 34:28) 금식이 시행되었다. 참고로, 금식하는 자는 남에게 보이려는 외식을 삼가고 오직 하나님만을 의식해야 한다(마 6:16–18).

(교회용어사전(생명의말씀사 2013), 금식)

말씀의 꽃 · 나만의 일독 큐티

말씀의 열매 · 기도 제목

7월

28 죄를 떠나라

일독 성경 이사야 59장 1–8절(이사야 59–60장 中)

말씀의 씨앗

씨앗말씀 · 오늘 내게 심어진 한 절 말씀

세상이 죄로 만연해 있는 것을 봅니다. 잠시만 틈을 주면 죄악의 그늘이 덮습니다. 왜 그리도 죄악의 모습을 떠나지 못할까요? 말씀은 하나님의 손이 짧아 닿지 않는 것이 아니요 귀가 어두워 듣지 못함도 아니요 오직 죄악에 가리워져 있다고 말합니다. 죄악의 벽이 높이 올라와 넘어설 수 없게 하는 것입니다. 우리가 매일 짓는 죄의 문제뿐만 아니라 우리가 부모를 선택할 수 없듯이 인간은 태어나면서부터 원죄의 그늘 속에 있습니다. 아담과 하와가 범죄한 것의 영향력 아래 있는 것입니다. 무슨 상관이 있느냐고 이야기하는 사람도 있습니다. 그러나 우리는 증조할아버지를 보지 못했어도 계신 것을 알고 있습니다. 왜냐면 그분이 계시지 않았다면 우리는 없기 때문입니다. 글을 읽고 있는 내가 그 증거입니다. 알에서 태어난 사람은 없습니다. 원죄의 증거를 대라는 말은 무지한 말입니다. 얼마나 악한 세상인지 죄악의 담이 높고 높고 높아져서 하나님을 보지 못하는 세대가 되어갑니다. 상소하는 자나 판결하는 자나 모두 거짓으로 한다면 그 허무한 시간을 누가 보상해 주겠습니까? 진정한 평안은 좁지만 생명의 길이신 예수 그리스도이십니다.

죄악이 깊어지기 전에 회개하고 다시 하나님께로 돌아와야 합니다. 그러면 죄악으로 늘 불안하던 삶이 참된 평안을 얻게 됩니다. 세상의 기준으로 분주하게 살다보면 겉으로는 축복인데 속을 보면 텅 비어 있습니다. 그러나 힘겹고 어려운 상황 속에서도 생명의 길에는 참된 안식과 평안이 있습니다. 오늘 소유하십시오. 예수 그리스도 안에서 하나님이 주시는 참된 평안을 누리십시오.

말씀의 가지

죄 중에 가장 큰 죄는 살인하고 강간하는 종류의 죄가 아니다. 그런 죄보다 더 큰 죄는 '하나님을 신뢰하지 않는 죄'이다. 하나님을 믿지 않는 죄이다. 죄의 뿌리에는 교만과 불순종이 있다. 이것이 아담과 이브가 지은 죄의 특징이다. 하나님께 순종하지 않고 신뢰하지 않는 이유는 간단하다. 교만하기 때문이다. 교만하면 하나님을 신뢰하지 않는다. 교만은 불순종을 낳는다. 야곱은 하나님을 믿으면서도 매사에 하나님을 의지하기보다는 먼저 인간적인 방법을 시도했다. 이사야 59장 2절에 이런 말씀이 있다. "오직 너희 죄악이 너희와 너희 하나님 사이를 내었고 너희 죄가 그 얼굴을 가리워서 너희를 듣지 않으시게 함이니." 여러분, 하나님 앞에서는 죄를 숨길 수가 없습니다.

(하용조, 다시는 야곱이라 부르지 말라(두란노 2001), p.300)

말씀의 꽃 · 나만의 일독 큐티

말씀의 열매 · 기도 제목

7월

29

신랑과 신부

일독 성경 이사야 62장 1-12절(이사야 61-62장 中)

말씀의 씨앗

씨앗말씀 · 오늘 내게 심어진 한 절 말씀

하나님은 우리를 위하여 잠잠하지 않으십니다. 하나님은 우리를 위하여 쉬지 않으십니다. 이스라엘이 메시아 예수 그리스도께서 오시는 통로로 쓰임을 받았습니다. 그것은 특권입니다. 그러나 구원의 특권은 아닙니다. 구원의 기회는 하나님이 만드신 모든 사람에게 주셨습니다. 그리고 구원받은 백성에게 상급을 주시되 그 손에 면류관을 가지고 계십니다. 내 면류관을 누구도 빼앗지 못하는 것은 하나님이 들고 계시기 때문입니다.

"너를 버리운 자라 부르지 않으며 황무지라 부르지 않으리라.
왜냐하면 나는 너와 결혼하였기 때문이다."

하나님은 우리를 신부와 같이 최고의 사랑으로 맞아 주십니다. 파수꾼을 세워 보호하는 성벽과 같이 우리를 지켜 주시되 쉬지 않으십니다. 우리가 뿌린 씨앗을 심은 대로 거두게 하십니다. 우리 인생에 선을 심으면 선한 것을 거둡니다.

오직 예수 그리스도로 말미암아 이 모든 것을 허락하셨습니다. 신랑이 신부에게 신부가 신랑에게 의무가 있듯이 이제 우리는 예수님을 전할 의무가 있습니다.

우리를 사랑하신 그 사랑은 의무이지만 축복입니다. 이것이 사명입니다. 날마다 사명을 잘 감당하는 삶이 되기를 소망합니다.

말씀의 가지

우리가 예수님을 믿는 그 순간 과거의 죄뿐만이 아니라 현재와 미래의 죄까지 다 해결이 되었다. 그러나 문제는 우리의 마음이다. 이사야 61장에 보면 성령님이 주님을 통해 하신 일은 '마음이 상한 자를 고치기 위해서'라고 말씀하고 있다. 우리의 마음은 수많은 것들이 저장된 녹음테이프와 같다. 이것은 주님을 믿기로 작정한 날 다 지워지는 것이 아니다. 성령님께서는 우리 안에 잘못된 것들을 지적하시고 그것들을 깨끗이 치우기 원하신다. 그러나 이 일은 우리 스스로가 성령님께 협조해야만 가능한 일이다. (중략) 하나님은 우리 안의 상처를 치유하기 원하시고 우리가 건강한 자녀로 성장해 가기를 원하신다. 성장하려면 내 안에 있는 죄 문제의 해결과 마음의 치유가 반드시 선행되어야 한다. 하나님 안에 들어왔기에 이런 치유가 시작될 수 있는 것이다.

(주서택, 내적 치유와 상담(순출판사 2011), pp.14–16)

말씀의 꽃 · 나만의 일독 큐티

말씀의 열매 · 기도 제목

7월 **30**

진흙과 토기장이

일독 성경 이사야 64장 5-12절(이사야 63-64장 中)

말씀의 씨앗

씨앗말씀 · 오늘 내게 심어진 한 절 말씀

하나님은 의를 행하는 자를 선대하십니다. 그러나 우리가 그릇 행하며 죄에 빠져 있을 때 하나님은 심판하십니다. 우리의 의가 더러운 옷과 같이 부패하고 쇠패함이 잎사귀 같고 죄악이 바람 같습니다. 악인이 심판을 견디지 못합니다. 왜냐하면 하나님이 얼굴을 숨기시면 찾을 수 있는 자가 없기 때문입니다.

이사야는 하나님께 간곡하게 고백합니다.

"우리는 진흙이고 하나님은 토기장이이십니나.
우리를 창조하시고 만드셨습니다."

만들어진 그릇이 만드신 손을 원망할 수 없습니다. 임의로 자신의 길을 갈 수 없습니다. 오직 만든 이의 뜻을 따라 가야 합니다. 내가 기대했던 사람이 다른 길을 갈 때 참으로 화가 납니다. 자녀를 위하여 최선을 다했는데 순종하지 않으면 서운하고 화가 납니다. 왜냐하면 내가 진심으로 사랑했기 때문입니다. 그러므로 우리를 만드신 하나님이 우리에게 선한 것을 예비하셨음을 믿어야 합니다. 만든 이의 마음을 이해할 때입니다. 우리가 요청하면 거절하지 않으십니다.

우리가 간절히 찾을 때에 숨기셨던 얼굴 빛을 보여 주십니다. 모든 멈추어졌던 믿음이 있다면 기도함으로 다시 회복하는 삶이 되기를 소망합니다.

말씀의 가지

이사야는 북왕국이 사형 판결을 받았을 당시에 활동했다. 성경에 나타나는 대부분의 영웅적인 인물들과는 달리 그는 가난한 가문 출신이 아니었다. 바벨론 탈무드의 전승에 따르면 그는 유다 왕 아마샤의 조카였다. 그럼에도 그의 사상은 서민적이고 민주적이었다. 그는 군과 성벽, 왕과 웅장한 성전들을 신용하지 않았다. 그의 예언서는 두 부분으로 나뉘는데 1장부터 39장까지는 기원전 740~700년 시기에 있었던 그의 삶과 예언을 다루고 있으며, 흔히 제2이사야로 불리는 44~66장은 훨씬 후대의 작품이다. 이사야는 예언자들 가운데 가장 주목할 만한 인물이었을 뿐만 아니라 구약성경 가운데 최고의 저술가이다. 초기 유대인들은 화려한 이미지를 지닌 그의 재기에 찬 문장을 사랑하였고, 그 가운데 많은 문장들이 문명화된 국가의 문학작품들 속으로 퍼져 나갔다. 그러나 그 언어보다 더욱 중요한 것은 그의 사상이었다. 이사야는 새로운 윤리사상으로 인류를 밀고 나갔다.

(Paul Johnson, 유대인의 역사(살림출판사 2005), pp.178−179)

말씀의 꽃 · 나만의 일독 큐티

말씀의 열매 · 기도 제목

7월

31

하나님의 속마음

일독 성경 이사야 65장 17-25절(이사야 65-66장 中)

말씀의 씨앗

씨앗말씀 · 오늘 내게 심어진 한 절 말씀

이사야를 통하여 하나님께서 예비하신 새 하늘과 새 땅을 알려 주십니다. 요한계시록 21장 말씀과 같이 하나님의 나라는 성도에게 허락된 곳입니다. 그곳은 축복의 땅이요 괴로움과 슬픔이 기억되지 않는 곳입니다. 즐거움을 창조하신다고 약속해 주셨습니다. 영원한 생명을 약속해 주셨습니다. 내가 노력한 모든 것이 하나도 헛되지 않게 하십니다.

세상은 보장해 줄 것처럼 말하지만 결국은 빼앗아 갑니다. 그러나 하나님의 나라에서는 내가 건축한 집에 타인이 거하지 못하게 하십니다. 기도하는 모든 것을 응답하시고 말을 마치기도 전에 들어주신다고 말씀하십니다.

하나님이 우리를 위하여 지어 주신 선한 모든 것을 회복시키시사 이리와 어린양이 함께 먹고 사자가 소처럼 풀을 먹는 모두가 어우러져서 살아가는 땅입니다. 이것이 하나님의 마음입니다. 전쟁 중에도, 포로가 된 중에도, 절망 속에 있을 때에도 하나님이 한 번도 변함없이 말씀해 주신 소망입니다. 그래서 우리는 이길 수 있고 용기를 낼 수 있습니다. 하나님의 나라의 소망이 믿음이 되어 승리하는 삶이 되기를 소망합니다.

말씀의 가지

이리와 어린양이 함께 먹을 것이며 사자가 소처럼 짚을 먹을 것이며 뱀은 흙으로 식물을 삼을 것이니 나의 성산에서는 해함도 없겠고 상함도 없으리라. 이 아름다운 마지막 노래(이사야 65:17-19,25)는 하나님께서 새 하늘과 새 땅을 창조하셔서 모든 것을 새롭게 하신다는 뜻이다. 그것은 하나님과 피조물들과의 묵은 관계를 끝내고 새로운 관계를 세운다는 기쁜 소식이다. '이전 일'이란 이스라엘 백성이 하나님이 선택하신 백성이란 사실을 잊어버리고 하나님을 배반하였기 때문에 받는 '먼저의 고난'을 뜻하지만 여기서 하나님은 이것을 잊어버리시고 백성과 영원한 기쁨과 즐거움을 함께하시는 것이다.

(신상훈, 성경의 즐거움(스타북스 2006), p.100)

말씀의 꽃 · 나만의 일독 큐티

말씀의 열매 · 기도 제목

주일 설교 노트

날짜 . . .

주일 설교 노트

날짜 . . .

주일 설교 노트

날짜 . . .

주일 설교 노트

날짜 . . .

8월

선교

mission

예레미야 1장 - 에스겔 48장

JUM 성경읽기표

• 8월 •

1	예레미야 1-3장	
2	예레미야 4-6장	
3	예레미야 7-9장	
4	예레미야 10-13장	
5	예레미야 14-17장	
6	예레미야 18-21장	
7	예레미야 22-24장	
8	예레미야 25-28장	
9	예레미야 29-31장	
10	예레미야 32-34장	
11	예레미야 35-37장	
12	예레미야 38-41장	
13	예레미야 42-45장	
14	예레미야 46-48장	
15	예레미야 49-50장	
16	예레미야 51-52장	
17	예레미야애가 1-5장	
18	에스겔 1-4장	
19	에스겔 5-8장	
20	에스겔 9-12장	
21	에스겔 13-16장	
22	에스겔 17-20장	
23	에스겔 21-24장	
24	에스겔 25-28장	
25	에스겔 29-32장	
26	에스겔 33-36장	
27	에스겔 37-39장	
28	에스겔 40-42장	
29	에스겔 43-44장	
30	에스겔 45-46장	
31	에스겔 47-48장	

8월

1 예레미야를 부르심

일독 성경 예레미야 1장 1-10절(예레미야 1-3장 中)

말씀의 씨앗

씨앗말씀 · 오늘 내게 심어진 한 절 말씀

예레미야는 유다 왕조가 바벨론에 의해 완전히 멸망당하는 마지막 시대를 사역의 시기로 삼고 있었던 선지자입니다. 하나님께서 예레미야에게 찾아와 말씀하십니다.

"내가 너를 모태에 짓기 전에 너를 알았다."

예레미야가 이 세상에 생명으로 태어나기 전부터 이미 알고 계셨다는 말씀입니다.

"네가 배에서 나오기 전에 너를 성별하였고, 너를 여러 나라의 선지자로 세웠다"

나를 향한 하나님의 계획은 금방 생긴 것이 아니라 이미 하나님께서 우리가 태어나기 전부터 그러한 놀라우신 계획을 우리 가운데 가지고 계신 것입니다. 하나님은 말씀하십니다. "너는 아이라 말하지 말고 내가 너를 누구에게 보내든지 너는 가며 내가 네게 무엇을 명령하든지 너는 말할지니라." 앞으로 예레미야가 해야 될 사역에 대해서 말씀하십니다. 우리의 행위로 되는 것 같지만 은혜로 되는 것이며 믿음의 선물입니다. 하나님께서 우리에게 주시는 소명을 감사히 받고 그 은혜 주심을 즐거워하며, 말씀에 순종하고 모든 사명들을 잘 감당하기를 소망합니다.

말씀의 가지

우리에게 '목적이 이끄는 삶'의 저자로 알려진 미국 새들백 교회의 담임목사인 릭 워렌은 1970년 고등학생인 19세의 나이로 수십 개의 교회에서 집회를 인도했다. 그리고 신학교를 졸업한 25세의 젊은 나이에 교회를 개척했다. 교회에 다니지 않는 사람들을 전도하겠다는 일념으로 목회를 했고, 현재 세계에서 영향력 있는 지도자 중 한 사람이 되었다. 어린 나이였지만 그에게는 믿음이 있었다. 그는 나이라는 한계를 신앙으로 극복했다. 나이가 어리기 때문에 하나님께서 쓰시지 못할 것이라고 생각하는 것은 불신앙이다. 예레미야 1장 6-7절을 보라. 나이가 십 대인 예레미야를 하나님께서 쓰시겠다고 부르셨다. 그러나 예레미야는 자신이 나이가 어리기 때문에 말을 제대로 하지 못한다고 반응한다. 그 말을 들은 하나님께서는 아이라 말하지 말라고 말씀하셨다. '나이가 어리기 때문에 하나님의 일을 할 수 없다'는 불신앙의 돌을 옮기라고 말씀하신 것이다.

(원 베네딕트, 뭐가 되려고 그러니?(넥서스 20008), p.59-60)

말씀의 꽃 · 나만의 일독 큐티

말씀의 열매 · 기도 제목

8월

2 찾으시는 한 사람

일독 성경 예레미야 5장 1-6절(예레미야 4-6장 中)

말씀의 씨앗

씨앗말씀 · 오늘 내게 심어진 한 절 말씀

예루살렘에 단 한 사람이라도 공의를 행하는 사람이 있다면 심판을 면할 수 있다고 하십니다. 그러나 하나님이 찾으시는 그 한 사람이 없었습니다. 하나님의 이름으로 맹세하고 행하지만 그 속에는 진실이 없고 위선으로 가득합니다. 소돔과 고모라 성이 의인 열 명이 없어서 심판을 받은 것처럼 세상에 어둠이 많아서가 아니라 빛이 없었기 때문입니다. 그래서 예수 그리스도께서 구원의 빛으로 우리 가운데 임하신 것입니다. 사람은 누구도 구원이 될 수 없습니다. 자신의 1초 뒤의 일도 알 수 없는 존재입니다.

하나님만이 해결하실 수 있습니다. 하나님의 심판은 아픔이 됩니다. 그러나 아픈 곳에는 생명이 있습니다. 오늘 경고하시는 것은 무감각해진 죄입니다. 죽은 곳은 아프지 않습니다. 아무리 죄를 지어도 양심에 화인 맞은 것처럼 죄책감을 느끼지 못합니다. 하나님은 이것을 경고하십니다. 아파하고 고통스러워도 그것은 축복입니다. 왜냐하면 다시 치료되고 회복되면 생명이 되기 때문입니다. 문제는 밖에 있는 것이 아니라 내 자신에게 있습니다.

더 깊은 기도와 간구로 하나님의 뜻을 밝히 알아 그 성읍을 살리는 단 한 사람을 찾으실 때에 부름을 받는 믿음의 사람이 되기를 소망합니다.

말씀의 가지

구약에 보면 하나님이 인정하는 의인 열 명만 있으면 저주받을 소돔과 고모라는 용서받을 수 있었다. 이것이 의인의 능력이다. 예레미야 5장에는 공의를 행하고 진리를 구하는 한 사람만 있다면 예루살렘의 모든 죄악을 용서해 줄 것이라고 했다. 그리스도인의 수가 적어서 오늘 우리의 시대가 이렇게 타락했는가?

아니다. 하나님 보시기에 정말 통회하고 가슴을 찢고 애통하고 눈물을 흘리는 한 사람이 없기 때문이다. 오늘 교회에 이렇게 많은 사람들이 있지만 서울의 저주를 면하게 해 줄 사람이 과연 있는가? 한 사람의 의로운 사람, 한 사람의 거룩한 사람 때문에 하나님이 이 도시를 용서해 주시겠다고 했다. 반대로 의인을 죽이고 하나님의 선지자를 핍박했던 그 한 사람의 피는 그대로 돌아갈 뿐 아니라 이 세대에도 그 저주가 임하게 되리라는 것이다.

(하용조, 참된 지도자(두란노 1996), p.126)

말씀의 꽃 · 나만의 일독 큐티

더 생각해 보기

1. '심판'이라는 단어를 어떻게 생각하는가?
2. 사람에게, 혹은 하나님에게 맹세를 한 적이 있었는가?(2절)
3. 하나님의 법을 입으로 안다는 것과 실제로 안다는 것에는 어떤 공통점과 차이점이 있을까?(4–5절)
4. 마지막 심판대 위에 올라갈 나의 모습을 생각해 보자.

8월

3

자랑하지 말라

일독 성경 예레미야 9장 17-26절(예레미야 7-9장 中)

말씀의 씨앗

씨앗말씀 · 오늘 내게 심어진 한 절 말씀

예레미야는 곡하는 사람을 부르라고 하면서 우리를 위하여 애곡하고 눈물을 떨어지게 하라고 합니다. 그 이유는 하나님을 떠나 우상을 섬기고 하나님을 배반하였기 때문입니다. 이제는 이 애가 때문에 사람을 부르는 것이 아니라 자녀들에게 가르치라고 말씀하십니다. 부모가 온전히 믿지 못하니까 자녀에 이르기까지 진정한 유업을 전하지 못합니다. 사망이 창문으로 도둑처럼 다가옵니다. 이제 심판은 저주가 아니라 다시 회복시키시는 축복입니다. 하나님은 다음과 같이 요구하십니다.

"지혜를 자랑하지 말고 힘을 자랑하지 말고 부를 자랑하지 말라."

나의 계획과 능력과 소유가 아닌 오직 하나님의 놀라운 은혜와 사랑이 진정한 가치입니다. 하나님은 이를 기뻐하신다고 말씀하십니다. 이제 이방인은 할례를 기준으로 구별되는 것이 아니라 마음의 할례를 통하여 이루어집니다.

형식이나 외식이 아닌 오직 심령의 진실한 믿음을 통하여 진정한 믿음과 구원이 있습니다. 오직 예수 그리스도를 통하여 하나님이 구원을 이루어주심을 이미 구약을 통하여 나타내십니다. 우리의 심령 깊은 곳에 흔들림 없는 믿음이 필요합니다.
하나님을 온전히 바라보며 오직 하나님을 높여드리는 삶이 되기를 소망합니다.

말씀의 가지

시편 78편은 하나님이 남왕국 유다와 남왕국에 있는 예루살렘 성전을 선택한 것을 축하한다. 그리고 하나님께서 유다를 선택하신 것을 북왕국 에브라임을 버리신 것과 날카롭게 대조한다. 실로에 있던 북쪽 지역 신전을 블레셋 사람들이 파괴한 사건을 통해서 하나님께서 북왕국을 버리신 것을 볼 수 있다. 그렇지만 예레미야 선지자는 7장의 유명한 성전 설교에서 이 사실을 완전히 전환시킨다. 예레미야 선지자는 수백 년 전 실로의 파괴와 바벨론 족속의 손에 의해 예루살렘 성전이 파괴될 것이라고 생생하게 표현했다. 예레미야 선지자는 유다 족속의 오만과 자기중심적인 선민사상과 성전 불가침 사상에 도전한 것이다. 간단히 말해서 예레미야 7장은 시편 78편에 대한 이데올로기적 읽기를 수정해 주는 본문인 셈이다.

(리차드 미들턴, 포스트모던 시대의 기독교 세계관(살림 2007), p.368)

말씀의 꽃 · 나만의 일독 큐티

말씀의 열매 · 기도 제목

8월

4

썩은 띠의 경고

일독 성경 예레미야 13장 1–11절(예레미야 10–13장 中)

말씀의 씨앗

씨앗말씀 · 오늘 내게 심어진 한 절 말씀

하나님께서 예레미야에게 베 띠를 사라고 하십니다. 예레미야는 순종합니다. 하나님은 그것을 물에 적시지 말라고 하십니다. 그래서 그것을 허리에 띱니다. 다시 그것을 유브라데로 가지고 가서 바위 틈에 감추라고 하십니다. 그래서 유브라데 물가로 가서 감춥니다. 그리곤 다시 그것을 취하라 하십니다. 그래서 유브라데로 가서 보니 띠가 썩어서 쓸 수 없게 된 것을 봅니다. 여호와께서 임하여 가라사대 유다의 교만과 예루살렘의 큰 교만을 이같이 썩게 하리라고 말씀하십니다. 하나님 말씀을 듣기를 거절하고 강퍅하여 다른 신을 섬기는 모습을 보시고 띠의 쓸 수 없음과 같이 되게 하신다고 하십니다. 사람의 허리와 같이 이스라엘을 중심으로 모든 뜻을 나타내셨건만 배반과 죄악의 모습으로 하나님을 아프게 한 것입니다.

그럼에도 불구하고 이것을 말씀하시는 하나님의 마음이 느껴집니다. 미워하는 사람은 미리 경고하지 않습니다. 그냥 버립니다. 그러나 오늘 말씀은 다시 돌아오기를 간절히 기다리시는 하나님의 마음입니다. 이 시간 교만을 버리고 하나님의 뜻을 간구하면 하나님은 함께하십니다. 하나님은 그 뜻을 돌이키시는 분이십니다. 끊임없이 부르시는 하나님의 음성을 듣고 순종하며 생명의 길로 가기를 소망합니다.

말씀의 가지

아나돗 [Anathoth]

'여신 아나트(셈 족의 사랑과 전쟁의 신)의 처소'란 뜻. 예루살렘 북동쪽 약 4km 지점에 위치한 성읍으로, 원래 베냐민 지파의 소유였으나 후에 제사장을 위한 처소로 주어졌다(수 21:8; 대상 6:60). 이곳은 다윗의 두 용사 아비에셀(삼하 23:27)과 예후(대상 12:3), 그리고 대제사장 아비아달(왕상 2:26) 및 선지자 예레미야(렘 1:1)의 고향으로 소개된다. 특히 예레미야는 자신을 배격한 아나돗인들이 받게 될 심판을 예언한 바 있고(렘 11:21-23), 이사야는 앗수르 군대가 북동쪽에서 예루살렘으로 진군하는 모습을 묘사할 때 아나돗을 언급한 바 있다(사 10:30).

(네이버 지식백과 http://terms.naver.com, 아나돗 Anathoth)

말씀의 꽃 · 나만의 일독 큐티

말씀의 열매 · 기도 제목

8월

5

태어난 이유

일독 성경 예레미야 15장 10-21절(예레미야 14-17장 中)

말씀의 씨앗

씨앗말씀 · 오늘 내게 심어진 한 절 말씀

사람은 태어나면서 여러 가지 재능을 가집니다. 운동부가 있는 학교에서는 아이의 천성적인 힘과 몸집을 보고 씨름 선수, 역도 선수, 야구 선수, 축구 선수로 키웁니다. 태어날 때부터 가지고 태어난 여러 가지 조건에 의해 직업이 결정되는 경우가 많습니다. 예레미야는 태어날 때부터 열방과 민족 가운데 하나님의 마음을 전하는 선지자로서 부름을 받았습니다. 그래서 그는 태어난 것이 재앙이라고 표현합니다. 너무나 힘겨운 길이기 때문입니다. 민족을 위하여 오히려 심판을 선포하고 그것을 보아야 합니다. 마음이 괴롭고 아파서 도저히 견딜 수 없습니다. 그러나 감당합니다. 왜냐면 하나님이 주신 사명이기 때문입니다. 선지자 호세아는 음란한 여인을 아내로 맞으라는 명령을 받습니다. 우상을 떠나 정결함을 잃어버린 이스라엘에 대한 하나님의 마음을 삶으로 전하게 만드십니다. 도망간 아내를 기다리는 호세아의 마음은 하나님의 마음을 증거합니다. 하나님의 사람이 된다는 것은 하나님의 거룩한 통로로 쓰임받는 것입니다. 비록 적국에 의하여 패하게 되고 재산을 잃고 포로가 된다 할지라도 우리는 기도해야 합니다. 우리는 말씀을 먹어야 합니다. 말씀만이 우리에게 힘이 됩니다. 우리에게 자랑은 십자가입니다. 오직 십자가 안에 고난과 평안의 모든 비밀이 담겨 있습니다. 성도의 근본이 예수 그리스도 안에 있음을 믿고 승리하는 인생이 되기를 소망합니다.

말씀의 가지

세상과 다른 사명의 길을 가는 예레미야에게 인간적 행복은 없었다. 가정을 꾸미는 일도 나라가 망할 것이니 하지 말라고 하셨고, 당연히 자녀도 가질 수 없었다.
뿐만 아니라 세상적 명예와 부도 기대할 수 없었다. 누군가 해야 할 일이지만 하필 예레미야의 것이 된 것은 하나님의 계획이다. 그래서 예레미야의 별명은 눈물의 선지자이다. 가서 외치라고 말하는 하나님과 외칠 때마다 자신들의 입장과 맞지 않다고 핍박하는 백성과 왕들, 그 사이에서 예레미야는 샌드위치처럼 끼여서 하나님이 시키는 대로 순종하면 그 순종은 백성과 왕들의 미움을 받고 공격당하는 빌미가 되어 괴롭힘을 당할 뿐이었다.

(허대혁, 다윗이 던진 돌(스타북스 2007), p.209)

말씀의 꽃 · 나만의 일독 큐티

말씀의 열매 · 기도 제목

8월

6

깨진 옹기

일독 성경 예레미야 19장 1–15절(예레미야 18–21장 中)

말씀의 씨앗

씨앗말씀 • 오늘 내게 심어진 한 절 말씀

하나님은 예레미야 선지자에게 토기장이에게 가서 옹기를 사라고 하십니다. 그리고 힌놈의 아들의 골짜기로 가라고 말씀하십니다. 이곳에 내가 재앙을 내릴 것이다. 너희가 우상을 섬기고 아들을 재물로 바치고 바알을 섬기는 모든 죄악을 심판할 것이다. 그래서 이곳은 이제 살육의 골짜기로 부르게 될 것이다. 아들의 살, 딸의 살을 먹게 될 것이며 친구의 살을 먹게 될 것이다. 잔인한 분열과 살인과 배반이 난무하는 세상이 될 것이라고 예언합니다. 하나님의 심판이 선포됩니다. 하나님을 떠난 것은 이미 심판을 받은 것입니다. 예레미야는 가져온 옹기를 깨며 이야기합니다.

"깨어진 병을 다시 완전하게 할 수 없듯이 이스라엘이 깨지게 된다."

아무리 연약한 그릇이라도 온전할 때 쓰임을 받습니다. 그때는 모르지만 깨진 다음에야 쓰임 받을 때 얼마나 행복했는지 알게 됩니다. 깨진 그릇은 세상도 피해 갑니다. 그리스도 안에서 작은 자라도 쓰임 받는 자가 귀한 것입니다. 본분을 잊고 깨지면 세상도 멸시하게 됩니다. 깨지고 더럽혀진 그릇은 내다 버려집니다. 결국 교만한 목과 우상을 섬기는 불신앙이 우리의 삶에 가장 큰 적이 됩니다. 더욱 겸손하고 성결한 신앙으로 승리하는 삶이 되기를 소망합니다.

말씀의 가지

매일 묵상과 기도 시간을 통해 얻은 가장 큰 계시의 말씀은 바로 예레미야서의 두 구절이다. 하나님께서 예레미야 선지자에게 처음 말씀하시는 "내가 너를 복중에 짓기 전에 너를 알았고 네가 태에서 나오기 전에 너를 구별하였고(1장 5절)"와 17장 뒤로 가면 인류의 전 역사를 통해 울려 퍼지는 하나님의 말씀 "진흙이 토기장이의 손에 있음 같이 너희가 내 손에 있느니라(18장 6절)"이다. 하나님께서는 이미 우리 각 사람에게 독특한 재능과 은사를 허락하셨다. 또한 우리가 이 재능과 은사로 세계가 제 기능을 발휘하고 생명이 지속하는 일에 필요한 역할을 담당할 수 있도록 하신다. 물론 하나님께서 부여하신 독특한 은사와 재능을 가진 우리가 모두 의사나 경찰관, 전업 주부 혹은 배관공이나 우주비행사 같이 하나의 직업만 가질 필요는 없다.

(Ed Klodt, 요나 탈출 프로젝트(21세기 북스 20008), p.42)

말씀의 꽃 · 나만의 일독 큐티

말씀의 열매 · 기도 제목

8월 **7**

두 광주리 무화과

일독 성경 예레미야 24장 1–10절(예레미야 22–24장 中)

말씀의 씨앗

씨앗말씀 · 오늘 내게 심어진 한 절 말씀

유다가 바벨론 왕 느부갓네살 때에 포로가 됩니다. 여호야김의 아들 여고냐와 방백들과 목수와 철공들이 잡혀갑니다. 그때 예레미야에게 하나님이 무화과 두 광주리를 보여 주십니다. 좋은 무화과와 나쁜 무화과를 섞이지 않게 따로 담아놓은 것입니다. 선과 악을 함께 놓지 않으십니다. 빛과 어둠이 함께 있지 않습니다. 정직과 거짓은 드러나게 됩니다. 포로로 잡혀간 유다 백성을 향하여 좋은 무화과라고 말씀하십니다. 비록 지금은 잡혀가고 고난을 당하지만 다시 회복시키실 것을 약속하십니다. 그러나 남아 있는 시드기야왕과 방백들은 나쁜 무화과라고 하십니다. 지금은 견디고 있는 것 같지만 결국 하나님의 영원한 심판을 견디지 못합니다. 어려움이 있어도 하나님의 책망을 듣고 견디고 다시 돌아오는 것이 축복입니다. 십자가의 고난이 크고 견디기 힘들어도 예수님께서는 담당하셨습니다. 우리가 선택해야 하는 것은 현재의 만족이 아닙니다. 비록 십자가의 길이라도 예수님의 고난에 동참하는 것입니다. 그것이 좋은 무화과가 되어 하나님을 기쁘시게 해 드리는 것입니다. 영적인 눈과 귀를 열지 않으면 보이지 않습니다. 오직 하나님 안에 이 비밀이 담겨 있습니다. 좋은 무화과가 되어 갈증을 씻어 내고 하나님의 영광을 나타내길 소망합니다.

말씀의 가지

예레미야는 고대의 율법에 따라 유대교를 개혁한 왕 요시야에 대해 이렇게 말한다. "그는 가난한 자와 궁핍한 자의 억울함을 풀어주었나니 모든 일이 형통하였더라. 이 것이 나를 앎이 아니냐"(22:16). 2500년도 더 전에 살면서 활동했던 선지자들은 거침없이 왕에게 할 말을 하고 권력자에게 진리를 말한 세계 최초의 사회 비판가들이었다. 그들은 종교에는 도덕적, 사회적, 경제적 차원이 있다고 주장했다. 법규나 절차의 투명성이라는 좁은 의미의 정의 말고도 사회 성원 전부에게 명예로운 자리를 허락해야 한다는 실질적인 의미에서의 정의와도 연관돼 있다고 하였다. 요하네스 린드블룸에 따르면, 선지자의 가르침은 "연대성을 특징으로 한다. 자선과 정의에 대한 요구 이면에는…선출과 언약을 통해 하나로 결합한 유기적인 전체로서의 백성이라는 관념이 깔려 있다." 거대한 빈부 격차, 착취의 관행, 가혹한 고용 조건, 이른바 '저소득 계층'의 열악한 상황 등은 인간의 연대성에 균열을 가져온다. (중략) 오늘날 내적으로 긴밀하게 연관된 영역 전체는 우리가 책임을 지고 관심을 보여야 할 영역이다.

(Jonathan Sacks, 차이의 존중 (말글빛냄 2007), pp.206-207)

말씀의 꽃 · 나만의 일독 큐티

말씀의 열매 · 기도 제목

8월

8

한 마디도 감하지 말라

일독 성경 예레미야 26장 1–15절(예레미야 25–28장 中)

말씀의 씨앗

씨앗말씀 · 오늘 내게 심어진 한 절 말씀

죽음 앞에서도 당당한 예레미야 선지자의 모습을 보게 됩니다. 하나님의 말씀이 임하시사 심판의 예언을 하시며 한 마디도 감하지 말라고 하십니다. 예레미야는 하나님 말씀대로 순종하였습니다. 그때 제사장들과 선지자들과 모든 백성이 그를 붙잡고 반드시 죽으리라고 저주합니다. 그때도 예레미야는 당당하게 선포합니다. 하나님이 말씀하신 그대로라고 말합니다. 그런즉 너희 길과 행위를 고치고 하나님의 말씀을 청종하라고 권면합니다. 너희가 나를 죽이려거든 하고 싶은 대로 해도 된다. 그러나 기억하라. 반드시 무죄한 피로 너희에게 돌아가게 될 것이다. 선지자는 죽음의 위기 앞에서도 당당합니다. 왜냐면 하나님 말씀대로 순종하기 때문입니다.

우리의 인생의 자신감은 하나님 말씀대로 살아가는 것에 있습니다. 내 힘으로 하려하면 어떻게든 결과만을 보게 됩니다. 방법이야 어떻든 성공하여 칭찬을 듣고자 합니다. 그러나 하나님의 사람은 실패 앞에서도 당당합니다. 왜냐면 그것이 진리이고 생명의 길이기 때문입니다. 마지막 순간까지 하나님을 의지하는 것이 소망입니다. 그렇게 순종함으로 승리하는 삶이 되기를 소망합니다.

말씀의 가지

"반드시 알려줘야 하는데 어떻게 말을 해야 할지 잘 모르겠어요. 지금 사랑하는 사람이 잘못된 길로 걸어가고 있고 그 길로 계속해서 걸어가면 그 결과는 뻔한데 어떻게 말을 해줘야 할지 모르겠어요. 말해봤자 내 말을 듣지 않을 것 같고 또한 우리 관계만 나빠질 거 같아요. 그렇다고 말 안 하고 가만 있자니 그 사람이 걱정되고…" 이럴 때 어떻게 해야 하는가? 예레미야 26장 15절을 보면 유다 백성에게 "너희는 분명히 알아라"라고 말하고 있다. 하나님께서 진실로 자기를 그들에게 보내사 "이 모든 말"을 그들 귀에 말하게 하셨다는 사실이다. 무슨 말씀인가? 그것은 바로 "너희가 나를 순종하지 아니하며 내가 너희 앞에 둔 내 율법을 행하지 아니하며 내가 너희에게 나의 종 선지자들을 꾸준히 보내 그들의 말을 순종하라"는 것이었다(4-5절). 하나님께서는 그들이 "각각 그 악한 길에서 돌아오"길 원하셨기 때문이다.

(제임스 김, 당신은 분명히 알아야 합니다(2014.08.17))

말씀의 꽃 · 나만의 일독 큐티

말씀의 열매 · 기도 제목

8월

9

나를 만나리라

일독 성경 예레미야 29장 8–14절(예레미야 29–31장 中)

말씀의 씨앗

씨앗말씀 · 오늘 내게 심어진 한 절 말씀

하나님께서 말씀하십니다. 짐쟁이도 꿈을 꾸는 자도 믿지 말라. 그들은 내가 보낸 적이 없다. 내 이름으로 거짓을 예언하는 것이다. 사람을 의지하면 아무것도 남는 것이 없습니다. 소망은 오직 하나님께서 주신 말씀 안에 있습니다. 칠십 년 동안 바벨론에 포로로 있게 되지만 때가 차면 하나님의 선한 말을 성취하실 것이다. 하나님이 우리를 만드시고 인도하십니다.

"내가 재앙을 내린 것은 멸하기 위한 것이 아니라
다시 회복하기 위함이다. 장래의 소망과 평안을 주기 위함이라."

내가 존재하는 것 자체가 하나님의 사랑의 증거입니다. 하나님의 사랑이 소망입니다. 우리에게 소망은 하나님의 말씀과 사랑임을 선포합니다. 소망이 이루어지는 유일한 방법은 기도입니다. 부르짖으면 내가 들을 것이다. 온 마음으로 나를 구하면 나를 만날 것이다. 너희의 사로잡힌 것을 다시 풀어 돌아오게 할 것이다. 하나님은 다시 본국으로 돌아올 것을 말씀하십니다. 우리의 응답은 회복입니다. 하나님을 멀리 떠나 있던 자리에서 다시 돌아오는 것입니다. 정신을 차리고 신앙을 회복하여 오직 하나님만 바라보는 첫사랑의 자리에 서는 것입니다. 한결같이 하나님만 바라보는 것이 큰 축복입니다. 고난 중에도 우리를 인도하시는 하나님을 바라보고 의지하여 승리하는 삶이 되기를 소망합니다.

말씀의 가지

성경은 거듭 우리에게 하나님은 사람이 기도하기 원하신다는 것을 보여 준다. 이사야 45장 11절은 "이스라엘의 거룩하신 자 곧 이스라엘을 지으신 여호와께서 가라사대 장래 일을 내게 물으라 또 내 아들들의 일과 내 손으로 한 일에 대하여 내게 부탁하라"라고 말씀하신다. 예레미야 29장 12절은 "너희는 내게 부르짖으며 와서 내게 기도하면 내가 너희를 들을 것이요"라고 하신다. 그러나 많은 사람들은 구하려 하지 않는다. 그래서 하나님은 중보 기도하지 않는 것을 이상하게 여기셨다. 이사야 59장 16절은 "사람이 없음을 보시며 중재자 없음을 이상히 여기셨으므로 자기 팔로 스스로 구원을 베푸시며 자기의 의를 스스로 의지하사"라고 말한다.

(김인환, 예수가 이끄시는 성공(도마의길 2007), pp.45-46)

말씀의 꽃 · 나만의 일독 큐티

더 생각해 보기

1. 예언자와 거짓 예언자는 어떻게 증명될 수 있는가?(8-9절)
2. 목에서 멍에를 꺽는다는 것은 무슨 의미인가?(30장 8절)
3. 쇠 멍에를 만든다는 것은 무슨 의미인가?(28장 13-14절)
4. 예언 뿐만 아니라 다른 은사들은 모두 하나의 공통점을 가지고 있다. 결국 은사는 '기적'이 아니라 하나님의 (　　　　)을/를 행하는 것이다.
5. 괄호 안의 단어를 생각해 보고 다른 이의 생각과 비교해 보자.

8월
10

믿음과 지혜의 균형

일독 성경 예레미야 32장 6-15절(예레미야 32-34장 中)

말씀의 씨앗

씨앗말씀 · 오늘 내게 심어진 한 절 말씀

예레미야는 유다 왕의 궁중에 있는 시위대 뜰에 갇혀 있습니다. 그때 하나님이 임하셔서 하나멜의 땅을 사 주라고 말씀하십니다. 말씀대로 하나멜이 와서 부탁을 합니다. 하나님의 음성을 듣고 있던 터라 놀라지 않습니다. 자신이 갇혀 있는 상태인데 어찌 이런 부탁을 하느냐고 원망하지 않습니다. 말씀하신 대로 은 17세겔을 주고 삽니다. 거래에 있어 아주 정확하게 합니다. 보증서를 쓰고 증인을 세우고 하나는 봉인을 하고 하나는 언제든지 열어보게 합니다. 믿음과 지혜의 균형입니다. 믿음으로 해야 할 일과 지혜로 해야 할 일을 정확하게 합니다. 믿음으로 해야 할 일은 지혜로 한다고 하면서 믿음 없이 행하고 지혜로 행하여야 할 일은 믿음으로 한다고 하면서 게으르게 한다면 오늘 말씀에서 보이는 모습이 아닙니다. 정확하게 문서를 만들고 토기에 보관합니다. 그리고 이 보관된 문서를 통하여 덜미를 잡으려는 것이 아닙니다. 이는 다시 하나멜이 회복할 수 있는 기회를 주는 것입니다. 그리고 하나님은 그 땅이 회복될 것을 말씀하십니다. 비록 지금은 깨달아야 하고 고난 속에서 하나님을 찾는 것을 배우지만 바벨론에 포위되어 늘 긴장하고 괴롭다가 결국 포로가 되지만 그러나 하나님은 다시 회복을 약속하십니다. 하나님의 계획은 인간의 지혜로 판단할 수 없습니다. 예수 그리스도께서 이 땅에 오신 모습을 사람들은 믿을 수 없었습니다. 그렇게 연약한 모습으로 오시고 가실 줄은 몰랐습니다. 그러나 기도하며 기다린 사람들은 알게 하시고 그 역사의 현장에 있게 하셨습니다. 우리에게 필요한 것은 사명을 감당하는 믿음과 지혜입니다. 날마다 승리하기를 소망합니다.

말씀의 가지

레갑 족속 [Recabites]

광야 부족인 겐 족속의 일파. 모세의 장인이 겐 부족이라는 인연 때문에 이들은 출애굽한 이스라엘 백성이 광야 생활할 때 이스라엘에 합류하여 가나안으로 들어간 것으로 보인다. 하지만 이들은 가나안에서도 이스라엘 백성과는 달리 성읍에 정착하며 농사를 짓지 않고 여전히 광야에 머물렀는데, 이는 정착 생활이 가져다 주는 안일함과 우상 숭배의 위협을 물리치고 광야 생활을 통해 항상 하나님과 끊임없이 교제함으로써 신앙의 긴장을 늦추지 않기 위함이었다. 실제로 가나안에 정착하여 농경 생활로 일관했던 이스라엘은 바알 우상 숭배에 빠져 들었던 반면 레갑 족속은 광야에서 유목 생활을 하며 포도주를 금함으로써(렘 35:6-7) 여전히 경건과 절제의 긴장된 삶을 늦추지 않아 뭇 백성의 귀감이 되었고(렘 35장), 그 덕분에 유다 백성이 바벨론에게 멸망할 때도 이들은 계속 그들의 삶을 유지하는 복을 받게 되었다(렘 35:18-19).

(네이버 지식백과, http://terms.naver.com, 레갑 족속 Recabites)

말씀의 꽃 · 나만의 일독 큐티

말씀의 열매 · 기도 제목

8월 11

다시 임하신 말씀

일독 성경 예레미야 36장 27-32절(예레미야 35-37장 中)

말씀의 씨앗

씨앗말씀 · 오늘 내게 심어진 한 절 말씀

요시야의 아들 여호야김왕 때에 예레미야에게 하나님의 말씀이 임합니다. 이것을 바룩에게 쓰게 합니다. 그리고 예레미야는 갇힌 상태라 갈 수 없으니 이것을 방백들에게 전하라고 합니다. 미가야가 바룩의 말을 듣고 방백들을 모아 이것을 듣게 합니다. 서기관 엘리사마의 방에 두루마리를 누고 왕의 귀에 아뢸 때에 왕이 여후디를 보내어 두루마리를 가져오게 하고 칼로 베어 화로에 던집니다. 그리고 두루마리는 타 버립니다. 그리고 바룩과 예레미야를 잡아들이라고 명령하였으나 하나님이 숨기십니다. 하나님께서 예레미야에게 다시 임하시사 다시 쓸 것을 말씀하십니다. 이전에 썼던 것에 심판을 더하여 바룩으로 쓰게 합니다. 종이를 태우는 것으로 하나님의 뜻이 감하여지는 것이 아닙니다. 하나님은 이 모든 것을 주관하시고 현상이 아니라 그 속의 이유를 만드시는 분입니다. 왕은 두루마리를 태움으로 자신의 권세와 교만을 나타냈지만 결국 하나님은 자신의 뜻을 나타내시사 우리의 교만과 우상과 죄악을 꺽으시고 하나님의 선함을 드러내십니다. 하나님의 말씀은 영원하여 변함없이 우리에게 내려 주십니다. 재앙이 내려진 것과 같이 축복 또한 약속하신 대로 나타납니다. 우리에게 필요한 것은 말씀을 듣는 것입니다. 태우는 어리석음이 아니라 순종하는 지혜가 필요합니다. 날마다 하나님의 음성을 듣고 승리하는 삶이 되기를 소망합니다.

말씀의 가지

역대하 36장 16절을 보면 사람들이 하나님의 말씀을 전하는 예레미야를 멸시하고 조롱하고 욕하는 모습을 볼 수 있다. "여호와여 주께서 나를 권유하시므로 내가 그 권유를 받았사오며 주께서 나보다 강하사 이기셨으므로 내가 조롱거리가 되니 사람마다 종일토록 나를 조롱하나이다." 예수 믿고 조롱당한 적이 있는가? 모욕과 치욕을 당해 본 적이 있는가? 우리가 예수를 진짜로 믿으면 조롱과 모욕을 받게 되어 있다. 특히 그것은 먼 데 있는 사람에게서 받는 것이 아니라, 가까운 데 있는 사람에게서 받는 경우가 많다. 예수님을 생각해 보자. 사람들은 그에게 침을 뱉고 홍포를 입히고 가시 면류관을 씌우고 "네가 유대인의 왕이냐?"고 조롱했다. 예수님을 믿는 우리도 때로 조롱과 모욕을 당한다. 그러나 영광스런 주님을 생각하면 이런 조롱과 희롱이 전혀 문제가 되지 않는 것이 바로 그리스도인의 믿음이다.

(하용조, 예수님만 바라보면 행복해집니다(두란노 2004), p.42)

말씀의 꽃 · 나만의 일독 큐티

말씀의 열매 · 기도 제목

8월 12

회복의 기회

일독 성경 예레미야 38장 14–28절(예레미야 38–41장 中)

말씀의 씨앗

씨앗말씀 · 오늘 내게 심어진 한 절 말씀

예레미야가 유다에 나쁜 예언을 하자 시드기야와 백성들은 예레미야를 미워하고 구덩이에 빠뜨립니다. 구덩이 안에는 진흙이 있어 예레미야는 구덩이 속 진흙에 빠집니다. 그러나 은밀하게 시드기야가 와서 예레미야에게 묻기를 원합니다. 그래서 구덩이에서 꺼내어 물어봅니나. 예레미야는 한결같이 대답합니다. 비벨론에 항복하지 않으면 큰 어려움을 겪을 것입니다. 시드기야는 만약 항복하면 자신이 조롱을 당할까 봐 두려워합니다.

예레미야는 다시 대답합니다. 하나님의 말씀을 따르십시오. 생명을 보존하십니다. 그러나 그렇지 않으면 심판이 이루어집니다. 시드기야는 끝내 항복하지 않았습니다. 바벨론은 성을 함락하고 맙니다. 결국 시드기야왕의 아들들은 눈앞에서 죽임을 당합니다. 시드기야왕은 눈이 뽑히고 끌려갑니다. 시드기야에게는 회복의 기회가 있었습니다. 그것은 하나님의 뜻에 순종하는 것이었습니다. 그러나 끝내 순종하지 아니함으로 심판을 받습니다.

우리의 자존심이 아닌 그리고 우리의 유익이 아닌 오직 모든 것을 내려놓고 철저하게 하나님의 뜻을 간구하는 것이 우리의 삶에 가장 큰 능력입니다. 하나님은 우리를 미워하시는 분이 아닙니다. 우리를 지으시고 가장 선한 길로 인도하길 원하십니다. 그분의 뜻을 분별하여 순종함으로 승리하는 삶이 되기를 소망합니다.

말씀의 가지

나팔은 많은 사람에게 널리 알리는 데 쓰이는 악기로서, 이 순간에도 하늘의 거룩한 나팔 소리인 주 예수님의 음성은 하나님의 구원과 심판날이 임박하였음을 알려 주고 있다. 특히 계시록의 모든 말씀은 하나하나가 다 영적인 잠을 깨우고 근신하게 만드는 큰 나팔 소리 같은 음성이다. 그런즉 사도 요한처럼 은혜 받은 성도들은 이 소리를 듣고 기뻐하지만, 죄악의 깊은 잠에 취하여 있는 자들은 이 소리를 듣기 싫어한다. 하나님의 심판날이 임박하였건만 거짓 평안을 외치는 자들이 역사상 많았다. 예루살렘성이 멸망하게 되었을 때에 "평안하다, 평안하다"면서 백성들을 속인 거짓 선지자들이 얼마나 많았는가?(렘 23:17) 저들을 향해 외친 예레미야의 소리는 나팔 소리 같은 큰 소리였으나 예루살렘성의 모든 자들은 그 소리를 듣기 싫어하며 그를 토굴에 집어넣어 죽이려고 했는데(렘 38장) 지금도 동일한 상황이라고 할 수 있다. 많은 사람들이 종말론을 싫어하고 있지 않은가? 거짓 선지자들의 길을 따라가지 말고 종말에 경고하시는 하나님의 나팔 소리를 듣는 지혜로운 성도가 되자.

(박성환, 계시록 강해설교(빌라델비아 2009), p.61)

말씀의 꽃 · 나만의 일독 큐티

말씀의 열매 · 기도 제목

8월

13 순전한 기도

일독 성경 예레미야 42장 7-14절(예레미야 42-45장 中)

말씀의 씨앗

씨앗말씀 · 오늘 내게 심어진 한 절 말씀

유다의 시드기야왕은 하나님의 뜻을 저버리고 결국 바벨론에게 항복하지 않습니다. 그의 아들들은 죽임을 당하고 자신은 눈이 뽑히는 아픔을 당합니다. 남은 군대 장관과 백성들은 애굽으로 피할 계획을 세우고 예레미야에게 와서 기도를 요청합니다. 예레미아가 기도하자 하나님은 발씀하십니다.

"만일 피하지 않고 거한다면 뜻을 돌이켜 재앙을 면하게 될 것이다.
바벨론 왕을 두려워하지 마라.
그러나 순종하지 않고 애굽으로 들어가면 잘못될 것이다."

군대 장관들과 백성들은 이미 애굽으로 피할 것을 계획하고 기도를 요청하였습니다. 그래서 결국 애굽으로 피하게 됩니다. 그리고 애굽에서 멸망을 당하고 맙니다. 자신의 계획을 세우고 기도를 부탁하는 것은 거짓입니다. 기도는 하나님의 음성을 듣는 것입니다. 내 계획이 있는 상태가 아니라 하나님의 계획하심을 듣는 것입니다. 그리고 그 속에 나의 사명을 깨달아 살아갑니다. 유다 백성들이 이미 자신의 고집을 가지고 하나님이 그것맞춰 주기를 기대하였다는 것은 순전한 기도가 아닙니다. 하나님은 우리에게 가장 선한 길을 예비해 주십니다. 그분의 뜻을 발견하는 것이 축복이요 능력입니다. 날마다 하나님의 음성을 듣고 순전한 기도로 승리하기를 소망합니다.

말씀의 가지

한국 기독교의 신뢰는 바닥이다. 크리스천의 신뢰가 땅에 떨어졌다. 그 원인 중에 하나가 바로 우리들의 위선 때문이라 생각한다. 지금 우리는 겉과 속이 달라도 너무 다르다. 지금 우리의 외형적인 태도와 내면적인 태도 사이에는 뚜렷한 모순이 있다. 말로는 크리스천이라고 하지만 마음속으로는 그리스도 예수의 마음을 품지 못하고 (않고) 있다(빌1:8,2:5). 오히려 지금 우리의 마음은 매우 교만해졌다. 하나님의 말씀 듣기를 거부하고 있을 뿐만 아니라 그 말씀에 불순종하고 있다. 우리는 재물을 우상화하여 섬기고 있다. 물질의 풍부함과 복을 추구하는 것이 편하고 익숙하다. 그 이유는 이것이 본래 우리가 하던 것이기 때문이다. 예레미야 44장에는 본래 하던 대로 우상 숭배하는 애굽 땅에 사는 유다 사람들이 나온다. 우리도 마찬가지다. 이러한 우리들에게 하나님께서 말씀을 통해 이렇게 말씀하신다. "본래 하던 대로 하면 아니된다."

(제임스 김, 본래 하던 대로 하면 아니됩니다(Sharing is caring, 2014.08.22))

말씀의 꽃 · 나만의 일독 큐티

말씀의 열매 · 기도 제목

8월 **14**

회복의 메시지

일독 성경 예레미야 46장 1-28절(예레미야 46-48장 中)

말씀의 씨앗

씨앗말씀 · 오늘 내게 심어진 한 절 말씀

하나님께서 예레미야를 통해 이스라엘 주변 강대국에 대하여 예언하십니다. 온 세계 열국을 다스리시는 광대하신 하나님이심을 스스로 드러내고 계십니다. 그러나 그 속에서 작은 민족인 이스라엘을 통하여 구원의 섭리와 위대하신 하나님의 계획을 보여주고 계십니다. 주변 강대국들이 강성하여졌다가 또 다른 세력이 강대국을 망하게 하는 그러한 일들을 우리는 역사를 통하여 보게 됩니다. 특히 크리스천들은 믿음을 지키기 위하여 더 힘겨운 길을 걸어가기도 합니다. 세상 가운데 핍박받기도 하고, 상처입기도 합니다. 주님을 전하려고 하다가 오히려 권세 있는 자들에게 억눌리기도 합니다. 그러나 확실한 것은 그러한 가운데서도 하나님께서 우리와 함께하고 계시며 살아서 역사하고 계신다는 것입니다. 하나님께서는 이스라엘에게 회복의 메시지를 약속하고 계십니다.

"야곱아 두려워하지 말라. 이스라엘아 놀라지 말라.
보라, 내가 너를 먼 곳에서 구원하며 네 자손을 포로된 땅에서 구원하리니
야곱이 돌아와서 평안하며 걱정 없이 살게 될 것이라. 그를 두렵게 할 자 없으리라."

하나님께서는 강대국들의 흥함과 쇠함 가운데서도 자신의 백성을 지켜주신다고 약속하십니다. 이제는 이스라엘뿐만이 아니라 온 땅의 예수님을 믿는 자들의 구원을 약속하셨습니다. 인생에 아무리 힘든 고난과 어려움이 있을지라도 예수님을 믿는 믿음으로 흔들림 없이 승리하기를 소망합니다.

말씀의 가지

유대인들은 자신들의 성경(티나크)을 구약성경이라 하지 않는다. 구약이라는 명칭은 신약과 구별하여 기독교적 이해가 내재되어 있으며, 이러한 명칭은 성경 자체에서 유래되었다. 예레미야 31:31-33에서 하나님께서는 이스라엘 집과 유다 집에 "새 언약"을 맺겠다고 말씀하신다. "새 언약(신약)"에 대한 상대적인 용어는 "옛 언약(구약)"이다. 그리하여 이 구절이 기독교 성경의 "구약"과 "신약"이라는 용어의 근거가 되었다. 이스라엘은 출애굽 대에 하나님과 언약을 맺었지만 우상을 숭배하며 언약을 파기했다. 그 후 하나님께서는 율법적인 옛 언약을 파기하고 새 언약을 통하여 생명의 원리를 세우신다. 예레미야에 나온 이 언약은 이스라엘이 파괴한 옛 언약과 같지 않다고 하셨다. 하나님은 옛 언약을 해체하시고 새 언약을 맺으셨다.

(신현주, 딱! 50일에 끝내는 성경통독(넥서스 2009), p.237)

말씀의 꽃 · 나만의 일독 큐티

말씀의 열매 · 기도 제목

8월

15

하나님의 사랑

일독 성경 예레미야 50장 17-20절(예레미야 49-50장 中)

말씀의 씨앗

씨앗말씀 · 오늘 내게 심어진 한 절 말씀

영원한 강자는 없습니다. 하나님께서는 범죄한 이스라엘을 심판하시기 위하여 앗수르를 통하여 북이스라엘을 치셔서 흩으셨습니다. 그리고 교만해진 앗수르를 심판하시기 위하여 바벨론을 사용하셔서 앗수르를 멸망하게 하셨습니다. 애굽 또한 바벨론으로 심판하셨습니다. 그리고 바벨론 또한 신흥강대국을 통하여 심판하십니다. 한 나라가 북쪽에서 나온다고 하였는데 성경에 바사 왕국이라고 나와 있는 페르시아입니다. 페르시아의 왕 고레스는 바벨론 성을 정복합니다. 150년 전 이사야 45장 말씀을 통하여 이미 예언하시고 그대로 이루셨습니다. 바벨론은 그저 하나님의 회초리에 불과하였습니다. 우리가 범죄할 때에 하나님께서는 이 세상 가운데 있는 강성한 회초리들을 드셔서 고난을 주시기도 합니다. 하지만 그 목적은 우리가 잘못을 깨닫고 회개하여 하나님 앞에 다시 서기를 바라시는 사랑입니다. 그리고 그 회초리조차 우리가 감당할 수 없기에 하나님께서는 독생자를 보내 주셨습니다. 그래서 그 회초리를 맞는 그 고통까지도 하나님께서는 예수 그리스도를 통하여 직접 담당하시고, 우리의 모든 죄악을 용서해 주셨습니다. 기억하지 못하리라고 말씀하십니다. 이렇게 크고도 넓은 하나님의 사랑을 깨닫고 끝까지 믿음으로 승리하기를 소망합니다.

말씀의 가지

설계도대로 건축되지 않는 건축물은 불법 건축물이다. 건축 감리사는 이것을 관리 감독하는데 종종 뒷거래를 통해 건축물을 허가하는 불법을 자행하기도 한다.

그 불법이 아무도 모르고 넘어갔다고 생각했지만 결국 건물이 무너지게 됐다. 바로 삼풍백화점 붕괴 사건이 그런 경우에 해당했다. 건축된지 십수 년 만에 결국 건물은 무너지고 수많은 생명들을 죽음으로 몰아갔다. 그때 잠깐 눈 감으면 뒤로 받은 돈으로 평생 잘 먹고 잘살 줄 알았던 그들의 선택은 종신형의 감옥살이로 막을 내렸다.

역사의 설계도인 성경을 버리고 살아가는 인생의 결과도 이와 다르지 않을 것이다. 예레미야를 쳐다보면 왜 그리스도가 보이는 것일까? 영광스러운 누림이 단 한 가지도 없는 오직 하나님의 말씀에 순종한다는 명분 이외에 그 어떤 것도 허락되지 않는 그의 모습이 십자가 죽음의 길을 걸어간 예수 그리스도의 모습이 그의 삶에서 보인다.

(허대혁, 다윗이 던진 돌(스타북스 2007), pp.212-213)

말씀의 꽃 · 나만의 일독 큐티

말씀의 열매 · 기도 제목

8월
16

슬픔의 통로의 끝

일독 성경 예레미야 52장 24-34절(예레미야 51-52장 中)

말씀의 씨앗

씨앗말씀 · 오늘 내게 심어진 한 절 말씀

이스라엘이 바벨론에게 2차 함락을 당하였습니다. 그래서 유다 왕 여호야긴과 에스겔을 비롯한 백성이 포로로 끌려갔습니다. 시드기야왕은 이때 21살에 왕이 되어 악행을 저질렀습니다. 그리고 11년 동안 통치하다가 바벨론왕 느부갓네살을 배신합니다. 결국 바벨론의 3차 침공을 받고 포로가 됩니다. 시드기야는 두 눈이 뽑힌 채로 바벨론에 끌려가, 평생을 감옥에서 보냅니다. 또한 예루살렘 성전은 불타 사라지게 됩니다. 성전의 귀한 금과 은과 보물들과 솔로몬이 건축하였던 기둥들까지도 약탈당합니다. 범죄한 이스라엘 민족에 대한 하나님의 심판이었습니다.
이스라엘 민족들이 당하고 있는 힘든 고난은 다름 아닌 하나님의 심판이었습니다.

그러나 심판과 함께 하나님께서는 이 눈물의 선지자 예레미야에게 새로운 구원의 언약 또한 주시고 계십니다. 포기한 이스라엘 백성에게 하나님께서는 또 다시 구원의 손을 펼치십니다. 예레미야서 내내 보인 슬픔의 통로를 지나 마지막을 희망의 메시지로 마무리하고 있는 것을 볼 수 있습니다. 우리의 열매는 심판이 아니라 회복입니다. 죽음이 아니라 생명이며 지옥이 아니라 천국입니다.
하나님을 믿고 끝까지 믿음의 길을 걷는 삶이 되기를 소망합니다.

말씀의 가지

예레미야서는 그 역사적 배경 때문에 다른 예언서보다 더 중대한 의미를 가지고 있다. 왜냐하면 예레미야가 살던 시대는 바벨론 제국의 위협으로 말미암아 조국 유다의 존망이 백척간두의 위기에 걸려 있었다. 예레미야 1장 4-8절은 청년 예레미야가 예언자로 소명을 받을 때 들은 하나님의 말씀이다. 이 시대는 유다 왕 요시야 13년이었다. 그 연대는 기원전 624년 소국 유다를 지배하던 아시리아 제국이 세력을 잃고 신생 바벨론 제국이 발흥하였을 때이다. 바로 이때에 유대 왕국에서는 요시야왕이 아시리아에서 들여온 우상 숭배를 일소하기 위하여 우상과 신당을 허물던 소위 종교개혁을 시작하려는 때였다. 이 요시야의 개혁에는 아시리아로부터 독립하려는 의도가 있던 것이다. 이런 상황에서 조국 유다의 부흥과 참다운 종교개혁을 위하여 하나님은 예레미야를 부르셨다. 이제 소명의 말씀은 예레미야가 자신의 의지나 능력으로 예언자가 된 것이 아니란 점과 오직 하나님의 일방적인 선택과 예정에 의하였음을 강조하고 있다.

(신상훈, 성경의 즐거움(스타북스 2006), p.101)

말씀의 꽃 · 나만의 일독 큐티

더 생각해 보기

1. 성경에서 한 사람의 인생을 평가할 때 중요한 기준은 무엇인가?(2절)
2. 바벨론 왕이 시드기야를 잔인하게 대한 이유는?(10-11절)
3. 솔로몬의 성전이 헐린 이유는 무엇일까?(12-14절)
4. 마지막 날에 우리 모두 반드시 심판대 앞에 서게 된다. 그럼에도 우리가 희망을 가질 수 있는 이유는 무엇인가?

8월 17

회개의 노래

일독 성경 예레미야애가 5장 19-22절(예레미야애가 1-5장 中)

말씀의 씨앗

씨앗말씀 · 오늘 내게 심어진 한 절 말씀

예레미야애가는 예루살렘이 바벨론에 의해 멸망당한 직후 쓰여졌습니다. 무너져 버린 예루살렘 성전을 바라보며 비통한 모습으로 슬픔에 쌓여 부른 노래 시가 바로 예레미야애가입니다. 예레미야를 슬프게 만든 것은 무너져 버린 성전과 건물들이 아닙니다. 포로로 끌려가는 모습도 아닙니다. 바로 하나님께서 이스라엘을 버리셨다는 사실입니다. 이스라엘은 전쟁을 숫자로 이긴 민족이 아닙니다. 골리앗 앞에선 다윗도 하나님을 의지할 때 작은 돌멩이로 이기게 하신 분이십니다. 언제나 함께하시고 인도하시고 승리의 근원이 되신 하나님이 떠나셨으니 이제 소망이 사라지게 된 것입니다. 위기 때마다 하나님이 계시지 않았다면 넘어갈 수 없었습니다. 앗수르도 바벨론도 애굽도 모두 마찬가지입니다.

그러나 예레미야는 한탄으로 마무리하지 않습니다. 민족을 위하여 회개하기 시작합니다. 그리고 하나님의 긍휼을 간구합니다. 하나님의 회복은 돈도 군사력도 조건도 아닙니다. 진정한 회복은 하나님의 손이 다시 우리를 붙잡아 주시는 것입니다. 그리고 우리도 오직 하나님의 손을 잡고 동행하는 것입니다. 하나님과의 친밀한 교제를 가져야 합니다. 하나님께서는 우리를 사랑하사 십자가를 담당하셨습니다. 이제는 그 사랑을 품고 죄악을 멀리하며 승리하는 삶이 되기를 소망합니다.

말씀의 가지

예레미야 선지자는 분명히 말하고 있다. "나는 하나님께서 내 심령의 원통함을 풀어 주시기를 희망한다. 믿는다. 아니면 그렇다고 이따금씩 생각한다"고 말하지 않았다. 오로지 쟁론의 여지없는 기정사실로 말하고 있다. 그가 모든 영광을 하나님께만 돌리면서 얼마나 감사함을 표하는지 한 번 보라! 그는 자신의 공로나 간청의 말을 한마디도 하지 않았다. 그는 자신의 원통함이 해결된 것은 오로지 "주께서" 하신 일이라고 말한다. 성도는 항상 이처럼 감사하는 영을 길러야 한다. 예레미야는 주의 긍휼을 기록하면서 기뻐하였다. 사실 지금도 슬피 우는 선지자에 지나지 않는다. 그런데 우리는 "예레미야애가"라고 불리는 바로 이 책 속에서 미리암이 소고 치며 불렀던 노래처럼 맑고 아름다운 소리, 드보라가 승리의 함성을 외치며 바락을 만났을 때 냈던 소리처럼 높고 날카로운 소리로 천국을 향해 올라가는 예레미야의 음성을 듣는다. "주께서 내 심령의 원통함을 풀어 주셨고 내 생명을 속량하셨나이다."

(Charles Spurgeon, 365 아침묵상(생명의말씀사 2008), p.332)

말씀의 꽃 · 나만의 일독 큐티

말씀의 열매 · 기도 제목

8월

18

영광의 형상

일독 성경 에스겔 1장 15–28절(에스겔 1–4장 中)

말씀의 씨앗

씨앗말씀 · 오늘 내게 심어진 한 절 말씀

에스겔은 이스라엘의 포로기에 활동한 선지자입니다. 말씀은 환상 중에 하나님을 본 모습을 묘사하면서 시작합니다. 사람 사자 독수리 소의 형상을 한 머리가 보이고 그 아래 바퀴를 보았습니다. 환상 중에 에스겔이 본 모습은 형상 아래 바퀴가 있었습니다. 바퀴는 동그랗습니다. 그리고 움직입니다. 조금만 기울어져도 굴러갑니다. 하나님의 행하심을 표현하는 것 같습니다. 하나님은 우리를 위하여 부지런히 움직이십니다. 쉼없는 사랑의 마음입니다. 그 바퀴가 사방으로 나 있습니다. 하나님은 동서남북 어디를 가든지 우리를 놓지 않으십니다. 눈이 가득하다라고 표현한 것을 보면 하나님의 눈동자는 언제나 우리를 지켜보고 계심을 알 수 있습니다. 누가 지켜보느냐가 중요합니다. 해결할 수 없는 사람이 보는 것은 소용이 없습니다. 하나님이 보시는 것은 중요합니다. 늘 필요를 따라 채워 주시기 때문입니다. 아이를 낳은 엄마의 눈은 아주 작은 변화에도 아이의 모든 것을 파악하고 해결해 줍니다. 그러나 아이가 어른이 되면 다릅니다. 부모님이 살펴보더라도 자식의 몫이 생깁니다. 우리의 믿음이 연약할 때에는 신앙의 모습이 아이와 같이 다 필요합니다. 그러나 성숙한 이후에는 스스로의 기도가 필요합니다. 하나님은 우리가 자라기를 기다리십니다. 그러나 교만으로 스스로 살아간다고 생각하거나 오히려 실패의 절망 속에 서게 될 때에 다시 발견합니다. 나를 키워 주시고 보호하신 분이 항상 계시구나! 하나님의 눈은 어렸을 때나 어른이 됐을 때나 동일하게 우리를 지켜주고 계십니다. 날마다 하나님 안에서 한결같은 믿음으로 살아가기를 소망합니다.

말씀의 가지

이스라엘 백성은 주의 백성이 되고, 여호와는 이스라엘 백성의 하나님이 되었다. 바꾸어 말하면 하나님의 구원 사역에 이스라엘 백성이 택함을 받은 것이다. 이스라엘 백성은 옛 언약에 의하여 하나님의 백성이 되었지만 그 언약을 지키지 않고 하나님과의 관계를 단절하였기 때문에 그것에 대한 형벌로 바벨론의 포로가 된다. 이 에스겔의 예언은 앞의 예레미야의 예언과 같이 새 언약에 따라 이스라엘 백성이 하나님의 백성으로 된다는 종말적 사건의 표현을 바꾸어 예언했다.

(신상훈, 성경의 즐거움(스타북스 2006), p.111)

말씀의 꽃 · 나만의 일독 큐티

말씀의 열매 · 기도 제목

8월
19

전무후무하게 내리리라

일독 성경 에스겔 5장 1-12절(에스겔 5-8장 中)

말씀의 씨앗

씨앗말씀 · 오늘 내게 심어진 한 절 말씀

하나님께서 에스겔에게 머리털과 수염을 깍고 그 털을 잘라 불태우고 다시 자르고 바람에 흩으라고 말씀하십니다. 그리고 그것은 바로 예루살렘의 모습이라고 이야기하십니다. 하나님의 백성들이 이방인보다도 더 악한 삶을 살 때에 하나님께서는 심판의 길을 내신다는 것입니다. 규례를 버리고 하나님의 영광을 가리는 백성들에게 심판은 저주가 아니라 다시 하나님을 만나는 통로가 됩니다. 이 시대를 살아가는 성도들에게 하나님은 말씀하십니다. 이방인에게 빛을 비추어라. 하나님의 빛, 그 아름답고 선한 빛에 거하며 비추기를 원하십니다. 세상보다도 더 의리없고 불평하고 죄악을 서지르지 말고 하나님의 거룩한 뜻을 좇아 사랑과 은혜를 감사함으로 살아가길 원하십니다. 그것이 능력입니다. 이방인의 목전에서 벌을 내리신다는 말씀을 들으며 하나님을 온전히 믿는 사람들은 예수님께서 선한 목자가 되셔서 시편 23편 말씀처럼 원수의 목전에서 상을 베푸신다는 말씀을 기억합니다. 하나님은 우리에게 상 주시기를 원하십니다. 그것은 우리가 믿음의 모습을 지켜 나갈 때 가능한 것입니다. 세상 사람과 똑같은 논리로는 상을 받을 수 없습니다. 하나님과의 은밀한 기도와 사랑이 있어야 합니다. 삼분의 일은 전염병으로 삼분의 일은 칼에 엎드러지고 삼분의 일은 사방으로 흩으십니다. 머리털과 수염의 운명과 백성의 운명이 같습니다. 우리의 미래는 무엇입니까? 현재는 미래의 거울입니다. 지금 변화되지 않으면 기회가 없습니다. 왜냐면 지금 알게 하신 때가 기회이기 때문입니다. 하나님을 온전히 섬기는 삶으로 순종하며 승리하시기를 기도합니다.

말씀의 가지

이제 내가 독자에게 질문을 해 보겠다. 교회에서 함께 모이는 시간에 그냥 집에 있으면서 찬양 경배 앨범 CD를 넣고 개인적으로 예배하면 안 되나? 오늘날에는 훌륭한 찬양 경배 앨범이 많이 있고 교회에 가서 듣는 것보다 훨씬 훌륭한 수준의 음악을 CD에서 들을 수 있다. 그런데 왜 교회를 가야 하나? 왜 집에 있으면서 CD를 들으면서 경배하면 안 되나? 이 질문에 대한 답은 이것이다. CD는 수직선을 따라 흘러간다. CD는 수록된 곡들을 한 곡, 한 곡 따라 흘러간다. CD플레이어를 통해서는 하나님의 강을 찾을 수 없다. 다소간의 은혜를 받을 수는 있지만 에스겔에서 말씀하신 강물 속으로 헤엄칠 수는 없다. 강을 찾기 위해 CD 속의 수직선을 넘어서서 회중 예배 가운데 창조적인 강물에서 흐르는 흐름 속으로 들어가야 한다.

(Bob Sorge, 주의 임재의 강으로 뛰어들라(HPWM 출판부 2008), p.69)

말씀의 꽃 · 나만의 일독 큐티

말씀의 열매 · 기도 제목

8월

20

회개하지 않는 백성

일독 성경 에스겔 9장 1-11절(에스겔 9-12장 中)

말씀의 씨앗

씨앗말씀 · 오늘 내게 심어진 한 절 말씀

에스겔서 9장은 백성들의 죄악 때문에 하나님의 원수가 된 예루살렘이 앞으로 어떻게 멸망당할지를 환상으로 보여 주고 있습니다. 유다 백성들은 어떻게 하나님이 자신의 백성을 이방의 칼에 죽게 하시는지 이해할 수 없었습니다. 하나님은 가는 베옷을 입고 죄악에 대해 애통하며 회개하는 백성은 살려 주고자 하셨습니다. 하나님께서는 심판 중에도 이렇게 애통하며 회개하는 자에게는 긍휼을 베푸시는 분이라는 것입니다. 그러나 회개하지 않는 사람은 심판을 견디지 못합니다.

이때 에스겔은 자기 동족들을 향한 하나님의 자비를 간절히 바라고 있습니다. 유다 백성들은 하나님께서 자기들의 땅을 버리셨고 자기들을 돌보지 않는다고 원망하고 있습니다. 그러나 이스라엘 백성이 하나님을 배반한 것이지 결코 하나님께서 이스라엘 백성을 먼저 버리신 것이 아닙니다. 자신들의 죄악을 생각하지 않고 하나님께서 자기들을 버렸다는 주장하고 있습니다.

이런 이스라엘 백성의 모습을 통해서 우리 자신을 돌아볼 수 있어야 합니다. 기회가 있지만 영원한 것이 아닙니다. 지나가 버릴 수가 있습니다. 이제 하나님을 원망하는 삶이 아니라 회개하고 다시 회복되는 삶이 되기를 소망합니다.

말씀의 가지

담무스 [Tammuz]

'충성스러운 아들', 혹은 '생명의 아들'이란 뜻. 수메르, 메소보다미아, 수리아, 바벨론, 팔레스타인 등지에서 널리 숭배되던 생산(특히 봄 식물을 보호하는)을 주관하는 신이자, 들짐승들로부터 양 떼를 보호하는 신(겔 8:14), 애굽의 오시리스, 헬라의 아도니스 등과 같은 역할을 하는 신으로 배우자는 아스다롯 여신이다. 제사 시에는 매우 음란한 의식이 수반되었다. 바벨론 사람들은 이 신이 4월(양력 6-7월로, 만물이 태양 열기로 시드는 계절)에 지하 세계로 내려갔다가 이듬해 봄에 소생하여 만물을 소성케 한다고 믿어 4월을 '담무즈 월'이라 불렀다. 그리고 담무즈가 지하 세계로 내려가는 4월에는 이를 슬퍼하며 애곡하는 의식이 행해졌는데, 유다 말기에는 성전 문 앞에서 이런 우상 숭배가 이루어졌다(겔 8:14).

(네이버 지식백과, http://terms.naver.com, 담무스 Tammuz)

말씀의 꽃 · 나만의 일독 큐티

말씀의 열매 · 기도 제목

8월

21

거짓 선지자를 분별하라

일독 성경 에스겔 13장 1-23절(에스겔 13-16장 中)

말씀의 씨앗

씨앗말씀 • 오늘 내게 심어진 한 절 말씀

하나님의 말씀은 반드시 이루어집니다. 하지만 그 방식과 시간은 하나님께서 정하신 대로 하십니다. 그렇기 때문에 우리가 하나님의 말씀대로 살면, 비록 예상했던 것 보다 시간이 걸리고 오해와 고통이 따르기는 하겠지만 결국에는 가장 선한 것으로 이루어집니다. 하나님의 말씀을 자기 생각에 맞춰 전하는 것이 거짓 예언자입니다. 거짓 예언자의 가장 큰 특징은 "황무지에 있는 여우"처럼 자신의 사리사욕을 위해 말씀을 전하는 것입니다. 황무지에 있는 여우는 썩은 고기라도 먹기 위해서 수단을 가리지 않는 아주 탐욕스런 모습을 비유합니다. 거짓 예언자가 바로 이런 모습이라고 할 수 있습니다. 거짓 예언자들은 백성들을 유혹하여 평강이 없는데도 평강이 있다고 말합니다. 사람들은 불편한 진리보다 좋은 소식을 듣고 싶어하고 또 전하는 사람도 슬픈 소식보다는 행복한 소식을 전하는 것이 훨씬 인정받기 쉽습니다. 그러하기에 오늘 말씀을 통해서 다시 한 번 진리의 말씀을 분별하고 따르는 것이 얼마나 중요한지를 생각합니다. 그래야 더 이상 죄의 길에 서지 않습니다. 날마다 하나님의 말씀 앞에 온전한 모습으로 살아가는 믿음과 삶이 되기를 소망합니다.

말씀의 가지

"비록 노아, 다니엘, 욥 이 세 사람이 거기 있을지라도 그들은 자기의 의로 자기의 생명만 건지리라. 나 주 여호와의 말이니라(14:14)." 이스라엘 사람들은 노아와 다니엘과 욥을 의인이라고 하는 전설이 있다. 에스겔은 예루살렘에 잔류하고 있는 자들에게 예루살렘이 완전히 멸망할 것이라고 예언하였다. 비록 이들 의인 세 사람이 와서 하나님께 사정한다 해도 저들은 자신의 의로써 자신들의 자녀들을 구원할 수 없고, 예루살렘에 남아 있는 자들의 구원 또한 불가능함을 거듭 예언하고 있다. 여기 나온 다니엘은 '다니엘서'의 저자와는 다른 인물이며 구약성경 속의 다니엘은 자녀들이 있다고 기록되어 있지 않으니 아마 근동지방에 전해지고 있는 다니엘이 아닌가 생각된다. 이 배후에는 하나님이 아브라함에게 만약 의인 열 사람이 있다면 소돔과 고모라를 멸망하지 않겠다고 하신 말씀 때문에 그들에게 영향을 주어 혹시 조상들의 의로움으로 자기들에게 구원의 손길이 뻗칠 것을 기대하는 것이 아닌지 사료된다.

(신상훈, 성경의 즐거움(스타북스 2006), pp.112-113)

말씀의 꽃 · 나만의 일독 큐티

말씀의 열매 · 기도 제목

8월 22

내 이름으로 행하라

일독 성경 에스겔 20장 33-44절(에스겔 17-20장 中)

말씀의 씨앗

씨앗말씀 · 오늘 내게 심어진 한 절 말씀

이스라엘 백성이 우상을 섬기고 하나님을 떠나 이방 민족에게 정복당하고 수치를 당하였습니다. 그러나 하나님은 다시 이스라엘을 받아 주기를 원하십니다. 이스라엘이 첫 열매를 하나님께 제사로 드리고 마음을 회복하여 믿음을 가지기를 원하십니다. 우리의 물질은 모두 하나님의 것이기에 첫 수확을 하나님께 드리는 것은 시작부터 모든 것이 하나님의 것임을 인정하는 것입니다.

십일조도 마찬가지입니다. 모든 10개의 수확이 모두 하나님의 것이기 때문에 그 중에 1개를 하나님께 감사함으로 드리고 나머지 9을 가지고 하나님이 주신 은혜에 기뻐하며 행복하게 쓰는 것입니다. 1개를 드리기를 아까워하기보다는 9을 축복하시는 하나님을 바라보는 믿음입니다. 흩어진 이스라엘을 다시 모으시고 약속하신 땅을 허락하신다고 약속하셨습니다. 약속의 땅에 들어가면 지난 날의 모든 시간이 얼마나 하나님의 은혜였던가 감사로 고백하게 됩니다. 순간순간 원망하고 불평하던 시간이 얼마나 어리석고 무지했던가 깨닫게 될 것입니다.

우리는 꿈꿀 수 있습니다. 믿음으로 살아가는 우리를 하나님께서 친히 인도하고 계십니다. 하나님의 사랑 안에서 건강한 믿음의 삶을 살아갈 것을 소망합니다.

말씀의 가지

"아들은 아비의 죄악을 담당치 아니할 것이요, 아비는 아들의 죄악을 담당치 아니하리니 의인의 의도 자기에게 돌아가고 악인의 악도 자기에게 돌아가리라(18:20)." 이 18장은 2절에서 '너희가 이스라엘 땅에 대한 속담에 이르기를 아비가 신포도를 먹었으므로 아들의 이가 시다고 함은 어찜이뇨'라고 시작된다. 이 속담은 예레미야서 31장 29절에서도 인용되고 있는데, 에스겔이 위와 같이 말하고 있는 것은 이스라엘 사람이 지금 벌을 받고 있는 것은 조상들이 진 죄 때문이라 하여 자신들의 죄에 대한 책임을 회피하려 들기 때문이다. "그러나 악인이 만일 그 행한 모든 죄에서 돌이켜 떠나 내 모든 율례를 지키고 법과 의를 행하면 정녕 살고 죽지 아니할 것이라(18:21)." "너희는 범한 모든 죄악을 버리고 마음과 영을 새롭게 할지어다… 너희는 스스로 돌이키고 살지니라(18:31–32)." 여기서 에스겔은 개인의 징벌을 논하며 저들이 회개하여 사는 길을 강조하고 있다. 단순히 소극적 죄의 회개가 아닌 여호와께 돌아오는 일을 말한다.

(신상훈, 성경의 즐거움(스타북스 2006), pp.113–114)

말씀의 꽃 · 나만의 일독 큐티

말씀의 열매 · 기도 제목

8월

23 사랑하는 사람이 죽다

일독 성경 에스겔 24장 15-27절(에스겔 21-24장 中)

말씀의 씨앗

씨앗말씀 · 오늘 내게 심어진 한 절 말씀

에스겔에게 시련이 찾아옵니다. 사랑하는 사람이 죽임을 당해도 슬퍼하지 말고 요동하지 말라. 아침에 이 말씀을 선포합니다. 그리고 조용히 기다립니다. 그 죽음의 대상은 바로 에스겔의 아내였습니다. 사랑하는 아내가 죽었습니다. 그러나 에스겔은 하나님이 말씀하신 대로 요동하지 않고 슬퍼하지 않고 담담히 하나님의 뜻을 전합니다. 어떻게 가능할까요? 인간의 상식으로는 납득이 되지 않습니다. 그러나 하나님을 신뢰하는 사람만이 감당할 수 있습니다. 내가 믿음이 있다고 생각하는 그 지점에서 눈에 보이는 축복이 아닌 더 큰 시련이 다가올 때도 여전히 하나님을 바라보아야 합니다.

에스겔은 아픔을 이기고 하나님의 뜻대로 전하고 있습니다. 죽음보다 더 큰 하나님의 섭리를 의지하고 있습니다. 에스겔의 몸부림이 보이는 듯합니다. 그의 믿음을 지켜냄이 엄청난 일임을 우리는 알 수 있습니다. 내 것을 포기하고 이해할 수 없는 하나님의 방법을 믿음으로 받아들이는 것입니다. 그리고 끝까지 기도하는 것입니다. 하나님을 사랑하지 않는다면 불가능한 일입니다.

한계라고 생각되는 지점까지 주님의 일을 감당하고 있는 나에게 한 가지를 더 요구하셔도 하나님을 믿는 사람이 됩니다. 인내와 사랑은 같은 단어입니다.

끝까지 사랑으로 승리하는 하루가 되기를 소망합니다.

말씀의 가지

두로 [Tyre]

'바위'란 뜻. 시돈 남방 약 40km 지점에 위치한 지중해 연안 도시 국가. 이스라엘의 아셀 지파 북쪽 접경 지대에 위치했다. 두로는 이스라엘의 가나안 정복 당시 이미 견고한 도시 국가 형태를 갖추고 있었고 B.C 10세기 경에 두로 왕 히람은 항구에서 지중해 쪽으로 738m 떨어진 곳에 4km 암반을 요새화하여 나라의 기틀을 마련하였다. 또한 다윗과 솔로몬 시대에는 이스라엘과 우호 조약을 맺고 성전 건축에 필요한 백향목을 비롯한 건축 자재와 목공, 석공 등 기술자를 지원하였다(왕상 5:1-2).

신약 시대에는 예수께서 이곳을 방문하여 복음을 전하셨으며(막 7:24,31), 바울의 선교여행 중간 기착지가 되기도 하였다(행 21:3-7). 오늘날 '수르'로 불리는 인구 10,000여 명의 소도시이다.

(네이버 지식백과 http://terms.naver.com, 두로 Tyre)

말씀의 꽃 · 나만의 일독 큐티

더 생각해 보기

1. 주의 종 에스겔에게도 시련이 찾아왔다. 그 시련이란 무엇인가?(16-17절)
2. 에스겔의 순종을 통해 무엇을 느낄 수 있는가?(18-20절)
3. 지금 내 삶에서 가장 소중한 것은 무엇인가?
4. 소중한 것들이 존재하지 않는 나의 삶을 상상할 수 있는가?
5. 우리의 삶의 목적은 무엇인가?(25-27절)

8월

24

두로 왕의 교만의 끝

일독 성경 에스겔 28장 1-10절(에스겔 25-28장 中)

말씀의 씨앗

씨앗말씀 · 오늘 내게 심어진 한 절 말씀

두로 왕은 자신의 물질과 지식을 자신의 것으로 생각합니다. 그리고 이제는 자신이 신의 경지에 이른 것이라고 생각합니다. 자신을 신으로 착각한 나머지 하나님의 자리에 자신을 놓습니다. 그러나 분명하게 말씀으로 하나님이 임하십니다.

"네 마음이 하나님의 마음 같은 체할지라도 너는 사람이다.
다니엘보다 지혜롭고 은밀한 것을 깨닫는다 하나 그것은 교만일 뿐이다."

우리는 우리가 무언가를 할 수 있다고 자만할 때가 있습니다. 보고 평가만 할 때 그렇습니다. 직접해 보면 잘하지 못해도 보기만 하면 다 할 수 있을 것 같습니다. 설사 할 수 있다 할지라도 하나님이 주신 사명이 다릅니다. 저 사람은 왜저래? 하는 순간 같은 죄에 빠지는 경우가 허다하죠. 오늘 하나님은 두로 왕의 착각을 지적하십니다. 그리고 결국 하나님인 체하였던 마음의 교만을 심판하십니다.

하나님을 의뢰하는 것이 능력입니다. 매일의 삶이 하나님만 바라보며 한 걸음 한 걸음 신중하고 겸손하게 살아간다면 삶의 결과 역시 하나님을 신뢰함으로 실망하지 않습니다. 오직 하나님을 의뢰함으로 승리하는 삶이 되기를 소망합니다.

말씀의 가지

에스겔 26장과 27장은 두로에 관한 이야기, 에스겔 28장은 두로 왕에 관한 이야기이다. 고대 국가에서는 왕과 나라는 하나의 운명체였다. 에스겔이 예언하던 당시에 두로 왕은 엣바알 3세였다. 9세기 중반에 아합의 부인이었던 이세벨의 아버지가 엣바알 1세였고, 엣바알 3세는 엣바알 1세의 영적 후손이다. 엣바알의 의미는 '바알 신이 함께하는 사람'이다. (중략) 엣바알 3세는 한동안 권력을 잡았으나 바벨론 느부갓네살 왕이 B.C 587년에 예루살렘을 멸망시키고, 그 여세를 몰아 두로를 침공하여 13년 포위시킨 후 멸망시켰다. 이때 엣바알 3세도 죽었다(에스겔 28장 8절).

(김지윤, 두로 왕을 위한 애가(냉수 한 그릇 2013))

말씀의 꽃 · 나만의 일독 큐티

말씀의 열매 · 기도 제목

8월

25 애굽을 위한 애가

일독 성경 에스겔 32장 1–16절(에스겔 29–32장 中)

말씀의 씨앗

씨앗말씀 · 오늘 내게 심어진 한 절 말씀

애굽은 강대국이었습니다. 그러나 왕의 교만으로 결국은 무너집니다. 바벨론을 들어 애굽을 심판하십니다. 하나님 없이는 인생이 아무것도 할 수 없습니다.
물 없는 곳에 물고기가 살 수 없듯이 하나님이 계시지 않는 삶은 살아날 방법이 없습니다. 교만은 쏙 눌질에만 있지 않습니다. 하나님이 없다고 하는 것이 교만입니다. 죽은 다음의 일은 생각할 필요가 없다고 하면서 예수님을 믿지 않는 것이 교만입니다. 하나님은 교만한 애굽을 멸망시키시지만 오늘 말씀에서 맑은 물을 약속하십니다. 기름같이 흐를 맑은 물을 통하여 하나님을 찾고, 찾으면 다시 회복하는 분이심을 알게 하십니다. 심판은 멸망을 위해 주는 것이 아니라 회복을 위한 하나님의 방법입니다. 그 속깊은 의미를 깨닫지 못하면 언제나 방황하게 됩니다.

애굽의 멸망을 기쁨의 노래가 아닌 슬픔의 노래로 부르는 이유가 무엇입니까? 하나님은 만드신 모든 사람을 사랑하시기 때문입니다. 아무리 죄악 가운데 있더라도 그 사람을 사랑하시는 하나님의 마음을 품으십시오. 아무리 악한 사람이라도 하나님을 만나기 원하는 사람에게 우리는 전해야 할 이유가 있습니다. 그래서 이제는 슬픔의 노래가 아니라 승리의 노래를 선포하기를 원합니다.
하나님은 간절히 원하는 자에게 임하셔서 하나님의 뜻을 이루실 줄 믿습니다.

말씀의 가지

애가[lament, 哀歌]

'슬퍼하는(애통하는) 노래', '애도의 노래', '애곡(哀哭)'을 의미한다. 이는 고난과 애통 중에 부르는 슬픈 노래로, 국가적 위기 상황에 직면해 탄식하며 거국적으로 회개할 때나 장례식에서 고인(故人)의 덕을 생각하며 또 상주(喪主)를 위로할 목적으로 부르는 짧은 형식의 노래를 말한다(삼하 3:33-34; 대하 35:25; 렘 9:20; 겔 19:1-9,28:12). 예언적 메시지를 담고 있는 애가도 있다(사 14:1-32; 렘 7:28-34; 겔 27:2-36; 눅 19:41-44; 계 18:1-24).

(네이버 지식백과 http://terms.naver.com, 애가 [lament])

말씀의 꽃 · 나만의 일독 큐티

말씀의 열매 · 기도 제목

8월

26

여호와인 줄 알리라

일독 성경 에스겔 36장 1-11절(에스겔 33-36장 中)

말씀의 씨앗

씨앗말씀 · 오늘 내게 심어진 한 절 말씀

이스라엘의 산들에게 여호께서 말씀하십니다. 하나님이 모든 만물을 지었노라. 길가에 자라는 풀 한 포기도 하나님 없이 자라는 것이 없습니다. 이스라엘의 산이 이방 민족으로 말미암아 수모를 당하였습니다. 하나님의 백성의 땅이 이방 민족의 소유인 것처럼 되었습니다. 그러나 이방인의 강성함은 하나님의 축복이 아닙니다. 이스라엘의 심판이 이방인의 축복을 의미하지 않습니다. 잠시 빈 땅에 와서 주인 행세를 할 뿐이지 주인이 될 수 없습니다. 하나님께서 다스리시는 땅이기에 잠시의 강성함으로 영원한 약속이 될 수 없습니다. 결국 하나님은 이방 민족을 내어 쫓으시고 그 땅을 회복시키실 것을 약속하십니다.

"너는 가지를 내고 열매를 맺어 그들을 맞이할 것이다."

표면적으로는 이스라엘 산을 의인화하여 축복하는 것이지만 속으로 보면 결국 이스라엘 백성을 회복시키시기 위한 준비입니다. 사람이 많아지고 가축이 많아지고 그 땅의 온 이스라엘 족속을 회복시키십니다. 광야에 있던 이스라엘 백성을 위하여 가나안을 예비하셨습니다. 여호와인 줄 알리라. 결국 인생의 결론은 하나님의 사랑을 고백하는 것입니다. 끊임없이 사랑하시는 하나님을 바라보며 승리하는 삶이 되기를 소망합니다.

말씀의 가지

파수꾼[guard, watchman, 把守-]
성벽이나 망대에서 적의 침입을 사전에 경계하고 감시하는 보초(삼상 14:16; 삼하 18:24-27; 사 21:11-12). 이들은 야간에 순찰을 돌며 주민을 보호하고 밤에 시간을 알리는 야경꾼 역할도 하였다(아 5:7). 때론 산림이나 들판, 포도원을 지키는 망대지기를 일컫기도 한다(사 56:9-10). 특히 성경에서는 이스라엘 백성의 영혼을 지키고 보살피는 선지자로서의 사명을 강조할 때 비유적으로 사용된다(렘 6:17; 겔 3:17, 33:2). 개역개정판에서 '경비병'(마 27:65-66, 28:11)으로도 번역했고, 개역한글판에서는 '파숫군'이라 묘사했다.

(네이버 지식백과 http://terms.naver.com, 파수꾼 guard)

말씀의 꽃 · 나만의 일독 큐티

말씀의 열매 · 기도 제목

8월
27
극히 큰 군대의 시작

일독 성경 에스겔 37장 1–14절(에스겔 37–39장 中)

말씀의 씨앗

씨앗말씀 · 오늘 내게 심어진 한 절 말씀

에스겔 선지자에게 하나님께서 환상을 보여 주십니다. 마른 뼈가 가득한 골짜기로 인도하사 물으십니다. 이 뼈들이 능히 살겠느냐? 살 수 없어 보입니다. 불가능합니다. 그러나 에스겔은 대답합니다.

"…주님만이 아십니다."

이것이 솔직한 고백입니다. 사람은 알 수 없습니다.
그때 하나님이 뼈들에 살이 붙고 생기를 넣어 살리실 것을 말씀하십니다. 그리고 말씀대로 뼈와 뼈가 붙고 근육이 생기고 살이 덮어 군대가 됩니다. 그냥 군대가 아니라 극히 큰 군대를 이룹니다. 사람의 헤아림으로 셀 수 있는 군대가 아닙니다. 하나님이 이루시고 주관하시기 시작하면 능히 살 수 없던 마른 뼈가 극히 큰 군대가 됩니다. 이는 포로 생활로 소망이 없는 이스라엘 백성을 향한 하나님의 사랑입니다. 마른 뼈와 같이 절망 속에 있는 이스라엘 백성들을 다시 살리사 하나님의 군대로 삼으실 것을 말씀하십니다. 에스겔은 이를 전하는 통로로 사용하십니다. 그리고 이스라엘이 고국땅에 거하며 살 것을 말씀하십니다. 이미 예비하신 땅, 그곳에 옮기시고 보호하시고 살게 하십니다. 하나님의 신실하심은 언제나 드러나게 됩니다. 에스겔의 환상처럼 마른 뼈가 일어나 군대가 되듯이 절망 가운데 메마른 영혼에 단비를 내리사 생명의 땅으로 소생하게 하심을 믿음으로 승리하는 삶이 되기를 소망합니다.

말씀의 가지

저는 예전에 안산에 있는 흥원동에 살았습니다. 집 뒤에는 산이 있었는데 그 산을 한참 올라가면 팔각정이 있었습니다. 사람들이 별로 찾지 않는 곳이었고 저는 그 산에 자주 갔었습니다. 제가 에스겔 37장으로 "생기야, 있을지어다"라는 제목으로 설교하던 때였습니다. 저는 동서남북을 향해 명령했습니다. "서울 시민들아, 생기를 받을지어다." 네 번 외쳤습니다. 그러면 기분이 무척 좋았습니다. 여러분의 자녀를 축복하십시오. 잠자는 자녀의 머리에 손을 얹고 "복이 있을지어다" 하고 기도하십시오. 직장에 들어가면서 그냥 들어가지 마시고 "이곳에 복이 있을지어다" 하고 축복하면서 들어가십시오. 집에 들어갈 때도 "이 집에 복이 있을지어다" 하고 축복하십시오. "우리 민족에게 복이 있을지어다" 하십시오. 그리스도인은 축복을 선언하고 베풀고 나누어 주는 사람입니다.

(하용조, 꿈의 사람 믿음의 사람 요셉(두란노 2002), p.293)

말씀의 꽃 · 나만의 일독 큐티

말씀의 열매 · 기도 제목

8월

28 구별하는 담

일독 성경 에스겔 42장 13-20절(에스겔 40-42장 中)

말씀의 씨앗

씨앗말씀 · 오늘 내게 심어진 한 절 말씀

하나님은 거룩한 방을 구별하십니다. 그리고 그 방에서 제사장들이 지성물을 먹습니다. 소제와 속죄제와 속건제의 제물을 거기 두어 거룩한 곳임을 나타냅니다. 또한 제사장들의 의복은 거룩하여 바깥뜰로 나갈 때는 갈아입고 나갑니다. 하나님 앞에서 제사장의 식분을 삼낭할 때의 옷을 구별하여 경외함을 온전히 증거합니다. 하나님을 바라보는 사람에게 주시는 가장 큰 은혜는 바로 구별됨입니다. 하는 말도 행동도 듣는 것도 구별합니다. 차별이 아닙니다. 선입견이 아닙니다. 고집도 아닙니다.

오직 순종입니다. 구별된 사람은 하나님이 기뻐하시는 일을 찾는 눈과 귀를 가지고 있습니다. 하나님은 제사장의 삶뿐 아니라 성전을 만드시되 동서남북 모두를 500척으로 만드십니다. 결국 어디나 한결같은 모습과 규모로 사랑하시는 하나님의 사랑이 성전의 외곽을 통하여서도 완전하게 표현됩니다.

담을 쌓고 거룩한 것과 속된 것을 구별합니다. 성전 안에서 해야 하는 말과 행동이 있습니다. 그리고 주의 성전된 몸이 해야 할 일과 하지 말아야 할 일이 있습니다. 끊임없는 세상의 유혹 속에서 담을 쌓고 지킬 것이 분명히 있습니다. 내 마음을 지키고 든든히 나아갈 때에 우리는 홀로 있는 것이 아니라 하나님이 함께하시고 지켜 주십니다. 하나님의 뜻을 구별하여 온전히 승리하는 삶이 되기를 소망합니다.

말씀의 가지

에스겔은 직함이 언급되지는 않았지만 대제사장 역할을 한다. 또한 모세의 입으로 율법을 선포하지 않고 자신이 직접 이스라엘 법의 제정자가 되고 그렇게 함으로써 이른바 '새로운 모세'가 되는 것이다. 모세가 그러했듯이 에스겔은 멀리서 입성할 땅을 굽어보지만 그곳에 정착하는 것은 허락되지 않는다(민 27:12; 신 32:49-52, 34:1-4).

에스겔 40-42장의 성전에 대한 환상은 출애굽 때 모세의 장막 환상과 뚜렷한 평행을 이룬다. 다시 말해서 예언자 에스겔은 개인적으로 자신이 선포한 사건에 적극적으로 참여하도록 부름 받았으나 결국에는 고난을 받는다. 우리는 마른 뼈가 다시 생명이 회복되는 데 중요한 역할을 하는 에스겔을 만나게 된다.

(Andre LaCocque, 죽음에서 생명으로(살림 2006), p.195)

말씀의 꽃 · 나만의 일독 큐티

말씀의 열매 · 기도 제목

8월

29 부끄러움을 알라

일독 성경 에스겔 43장 1-11절(에스겔 43-44장 中)

말씀의 씨앗

씨앗말씀 · 오늘 내게 심어진 한 절 말씀

에스겔은 환상 가운데 완성된 성전의 동문으로 이끌려 갑니다. 그곳에서 많은 물소리와 같이 하나님의 영광이 들어와 나타나는 음성을 듣습니다. 그 모습이 옛날 떠나갈 때의 환상 속 모습과 같은 모습을 하고 있었습니다. 하나님께서 떠나신 그 자리에 다시 돌아오심을 봅니다. 성전의 완성은 건물로 마무리되지 않습니다. 오직 하나님의 영광이 없다면 아무런 소용이 없습니다. 오늘 성전에는 다시 회복하사 하나님의 영광이 가득합니다.

"다시는 내 거룩한 이름을 더럽히지 않겠다."

음란을 버리고 우상을 제하여야 할 것을 당부하십니다. 그렇게 하기 위해서는 먼저 자신의 죄를 부끄러워할 수 있어야 한다고 말씀하십니다. 때로는 죄인 줄 알면서도 부끄러움 없이 행합니다. 그러나 하나님이 알게 하실 때에 그것이 얼마나 어리석은 시간이었는지 깨닫습니다. 기도하지 않으면 교만이 들어오고 부끄러움이 아니라 고집이 나타납니다. 자신의 계획을 하나님의 뜻으로 오해합니다.
오늘 하나님께서는 말씀하십니다.

"부끄러움을 알게 되어야 모든 형상도 보이고 규례도 알게 된다. 그때서야 행하게 된다."

말씀대로 다시 한 번 회복과 순종의 길을 찾는 삶이 되기를 소망합니다.

말씀의 가지

사람들이 축복을 원한다고 기도한다. 관계를 개선하지 않은 상황에서도 하나님은 이런 것을 준다며 소리 지르고 기도한다. 누구든 시편 91편을 외워서 주문을 외우듯 하면 된다고 믿는 사람들이 있다. 하나님과 우리의 관계는 그렇지 않다. 그분이 남편이 되시고 우리가 아내 되어서 우리가 남편 밑으로 들어가야 한다. 그분이 아버지가 되시고 우리가 자녀가 되어서 그분의 가족으로 그분의 다스림 밑으로 우리가 들어가야 된다. 이렇게 자기를 드림, 나무에 가지가 붙어 있듯이 예수님께 딱 붙어 있는 신부, 예수님의 진정한 신부인 교회, 그런 교회는 시편 91편에서 이야기하는 그 모든 하늘나라의 축복을 이 땅에서도 누릴 수 있게 된다. 지성소에 들어갈 때 에스겔 44장 17절에서 보면 제사장들은 절대로 모시옷, 삼베옷만 입고 들어가야 했다. 그 이유는 그곳은 거룩한 곳이기 때문이었다.

(이민아, 땅에서 하늘처럼(시냇가에심은나무 2012), pp.215-216)

말씀의 꽃 · 나만의 일독 큐티

말씀의 열매 · 기도 제목

8월 30

아침마다 드리는 예배

일독 성경 에스겔 46장 1-15절(에스겔 45-46장 中)

말씀의 씨앗

씨앗말씀 · 오늘 내게 심어진 한 절 말씀

에스겔의 환상 가운데 동문으로 나가신 하나님께서 다시 동문을 통하여 들어오시는 장면을 봅니다. 그 동문에 대한 규례로 일하는 육 일은 닫되 안식일과 초하루에는 엽니다. 그리고 왕은 그 문턱에서 제사장들의 제사를 보며 경배합니다. 드릴 수 있는 최선의 것으로 드릴 것을 말씀하십니다. 동문으로 들어온 왕은 들어온 곳으로 다시 나가라고 말씀하십니다. 그러나 모든 정한 절기에 하나님께 나아갈 때에는 모든 백성이 남문으로 들어오면 북문으로 나가고 북문으로 들어오면 남문으로 나갑니다.
결국 뒤를 돌아보지 않고 앞으로 곧장 달려나가는 것입니다. 다시 돌이키지 않고 하나님만 보고 앞을 향하여 나아가는 모습입니다. 아침마다 흠 없는 어린양 하나를 번제로 드립니다. 또 아침마다 소제로 밀가루 육분의 일 에바와 기름 삼분의 일 힌을 섞으라고 하십니다. 날마다 이렇게 준비하는 것은 어려운 일입니다.

그렇기 때문에 지금 예수님의 이름을 부르기만 하면 이렇게 복잡한 모든 규례를 만족시킬 수 있다는 것은 은혜입니다. 어려운 율법이 아닙니다. 무거운 짐이 아닙니다. 예수님의 이름을 고백하기만 하면 모든 사망의 권세를 깨뜨리신 예수님의 능력이 나의 삶을 변화시키시고 인도하십니다. 그것은 내가 하는 선행이 아니라 하나님이 주신 가장 큰 축복입니다.

말씀의 가지

하나님께서 선지자 에스겔에게 환상을 주셨다. 환상 중에 에스겔은 하나님이 한 천사에게 하나님의 백성 중에서 이스라엘의 죄로 인해 슬퍼하고 마음에 짐을 진 자들의 이마에 표를 하도록 명하시는 것을 보았다. 표를 받은 자들은 남겨진 자들이다. 하나님께서는 그의 백성 중 표를 받지 못한 사람들에게 심판을 쏟으셨다. 하나님께서는 주변에 만연한 죄악에 대해 안주하여 마음이 무뎌진 이스라엘 백성을 심판하셨다. 이 환상에서 에스겔은 하나님께서 백성 중에서 구분하시는 것을 보았다. 하나님은 말로만 믿는 사람들과 진짜 믿는 사람들을 구분하셨다. 영적 죄악들에 대해 울며 슬퍼하는 믿는 자들은 하나님의 마음과 짐을 공유한다. 그러나 자신을 둘러싼 세상 문화의 죄악에 별로 신경이 쓰이지 않고 무감각한 사람은 자기의 안일함으로 말미암아 심판을 받게 될 것이다. 자기 스스로 그리스도인이라 생각하느냐, 아니냐가 중요한 게 아니다. 왜냐하면 자기의 안일함이 진짜 본성과 마음의 상태를 드러내고 있기 때문이다.

(Scott Brenner, 레볼루션 – 혁명가는 표시된다(헤럴드BOOKS 2012), p.82)

말씀의 꽃 · 나만의 일독 큐티

더 생각해 보기

1. 안뜰 동쪽을 향한 문을 닫다가 안식일에 여는 이유는?(1–3절)
2. 흠이 없는 번제를 드리는 이유는 무엇인가?(4절)
3. 들어온 문으로 나가지 말라 한 이유는 무엇인가?(9–10절)
4. 아침을 강조하는 이유는 무엇일까?(13–15절)
5. 나는 지금 어떤 예배를 드리고 있는가?

8월

31 감당할 수 없는 하나님의 은혜

일독 성경 에스겔 47장 1-12절(에스겔 47-48장 中)

말씀의 씨앗

씨앗말씀 · 오늘 내게 심어진 한 절 말씀

에스겔의 환상 가운데 성전의 문지방 밑에서 물이 흘러나옵니다. 그 물이 처음에는 발목에 오다가 이후 무릎으로 그리고 허리로 차서 결국 건너지 못할 강이 됩니다. 물은 생명입니다. 사람이 정착할 곳을 결정할 때 물이 있는 곳을 중심으로 결정합니다. 그래서 모든 문화의 시작도 강을 중심으로 이루어졌습니다. 오늘 말씀에서 생명을 살리는 물의 근원지를 보여 주십니다. 그것은 바로 하나님의 성전입니다. 하나님의 성전에서 내리는 은혜가 없이는 한 사람도 살아갈 수 없습니다. 요한복음 2장 말씀에 예수 그리스도께서 성전의 장사꾼들을 내어 쫓으십니다. 그때 기사와 이적을 구하는 사람들에게 말씀하십니다.

"이 성전을 헐면 내가 사흘 만에 다시 세우겠다."

그러나 이것은 예수님께서 건물에 대해 하신 이야기가 아니라 성전되신 자신에 대해 하신 이야기입니다. 예수님께서는 약속대로 십자가에서 죽으신지 사흘 만에 부활하셨습니다. 그리고 목마름이 없는 영원한 생명의 물이 되셨습니다. 우리가 살아갈 수 있는 생명의 물은 오직 예수 그리스도입니다. 물이 없는 곳은 마르고 죽게 됩니다.
그러나 성전에서 나온 물이 흐르는 곳은 열매가 풍성합니다. 그리고 그 잎사귀는 약이 된다고 말씀하십니다. 생명의 근원이 되신 예수 그리스도 안에서 승리하는 삶이 되기를 소망합니다.

말씀의 가지

하나님의 백성은 사랑하는 구원자이시며 구속자되신 주를 예배하기 위해 모인다. 예배 인도자는 에스겔 47장에 나온 하나님의 영광의 강을 우리가 열정적으로 찾도록 인도한다. 우리가 강물에 도달하면 예배 인도자들은 목록과 자신이 준비한 바를 가이드로 활용하지만 성령께서 하나님의 마음으로 향하는 여행으로 우리를 인도하면 강을 따라 움직이며 흘러가고자 갈망한다. 그래서 수직적인 예배 순서는 하나님과의 만남과 평행선을 긋게 된다. 우리가 발목에서 무릎으로 허리로 이동해 가면서 유기적이고 생명력 있는 것이 합쳐지기 시작해서 회중 예배는 본래의 정체성을 가진다. 예배의 융단은 신랑과 신부가 거룩하고 로맨틱한 춤을 추도록 만든다. 우리가 하나님의 아름다운 어린양을 바라볼 때 옛 노래는 차원 높은 경배로 점점 더 믿는 이의 마음을 연합시키고 빛나게 만든다.

(Bob Sorge, 주의 임재의 강으로 뛰어들라(HPWM 출판부), p.114)

말씀의 꽃 · 나만의 일독 큐티

말씀의 열매 · 기도 제목

주일 설교 노트

날짜 . . .

주일 설교 노트

날짜 . . .

주일 설교 노트

날짜 . . .

날짜 . . .

주일 설교 노트

날짜 . . .

9월

회복

recovery

다니엘 1장 - 말라기 4장

JUM 성경읽기표

• 9월 •

1	다니엘 1-3장	
2	다니엘 4-6장	
3	다니엘 7-9장	
4	다니엘 10-12장	
5	호세아 1-3장	
6	호세아 4-6장	
7	호세아 7-9장	
8	호세아 10-12장	
9	호세아 13-14장	
10	요엘 1-3장	
11	아모스 1-3장	
12	아모스 4-6장	
13	아모스 7-9장	
14	오바댜 1장	
15	요나 1-4장	
16	미가 1-4장	
17	미가 5-7장	
18	나훔 1-3장	
19	하박국 1-3장	
20	스바냐 1-3장	
21	학개 1-2장	
22	스가랴 1-2장	
23	스가랴 3-4장	
24	스가랴 5-6장	
25	스가랴 7-8장	
26	스가랴 9-10장	
27	스가랴 11-12장	
28	스가랴 13-14장	
29	말라기 1-2장	
30	말라기 3-4장	

9월 1

왕의 진미

일독 성경 다니엘 1장 8-21절(다니엘 1-3장 中)

말씀의 씨앗

씨앗말씀 · 오늘 내게 심어진 한 절 말씀

바벨론이 이스라엘을 정복하여 건장한 청년들을 데려다 종으로 쓰게 되면서 다니엘과 세 친구 역시 바벨론의 포로로 살게 됩니다. 왕은 자신이 베푼 음식을 종들에게 먹여 보기 좋게 만들라고 환관장에게 명령합니다. 그러나 다니엘은 우상 숭배에 사용된 음식을 먹는 것과 왕이 의도를 가지고 자신의 민족을 무시하는 것을 원치 않았습니다. 하나님의 사람이 가지는 믿음의 결단으로 다니엘은 왕의 음식을 먹지 않지 않게 해달라고 요청합니다. 이에 환관장은 난색을 표합니다. 그렇지만 확고했던 다니엘은 결국 10일 동안 시험하는 기회를 얻고 식물만을 먹었습니다. 그런데도 다른 사람들보다 윤택한 모습을 보면서 환관장은 이후로도 다니엘이 원하는 대로 할 수 있게 배려해 줍니다. 다니엘이 자신을 더럽히지 않겠다고 결심하고 실행하니 하나님께서 응답하셨습니다. 믿음의 지도자는 성결합니다. 그리고 실행합니다. 다니엘의 믿음의 결단과 행동은 하나님이 기뻐하시고 지혜와 지식과 꿈을 해석할 수 있는 능력까지도 허락하십니다. 이것은 그냥 리더십이 아니라 국가의 관리가 될 수 있는 준비를 이미 시키신 하나님의 섭리였습니다. 다니엘이 총리가 되고 나라를 다스리는데 큰 역할을 한 것은 세상의 능력이 아니라 하나님이 주신 능력으로 가능했습니다.

우리는 시간이 없어서 예배하기 힘들다고 말할 때가 있습니다. 그러나 예배 때문에 다른 일을 하지 못해도 그 길을 인도하시고 열어 주시는 하나님을 경험하게 되면 진짜가 무엇인지 알게 됩니다. 결국 선택과 집중입니다. 내가 믿음의 선택을 하고 좌로나 우로나 치우치지 않으면 하나님의 선한 결론을 반드시 보게 됩니다.

오늘 하루 자신을 더럽히지 않고 믿음의 결단으로 승리하는 삶이 되기를 소망합니다.

말씀의 가지

다니엘서는 기원전 6세기에 살았던 선지자 다니엘의 행적과 예언을 기록한 선지서로, 구약성경의 한 책이다. 유대교의 전승에 따르면 저자는 다니엘이다. 유대 민족이 바벨론에 포로로 기원전 597년에 잡혀갔을 때 다니엘도 잡혀갔다. 다니엘서는 성경의 판본에 따라 내용이 다르다. 로마 가톨릭 교회와 동방 교회에서 받아들여진 70인역의 경우 모두 14장으로 이루어져 있지만 개신교에서 받아들이고 있는 히브리 판은 모두 12장으로 구성되었다. 1-6장은 다니엘과 연관된 사건들을 기술하고, 7-12장은 다니엘이 받은 꿈과 환상을 기록한다. 13-14장은 수산나의 이야기, 벨 신상을 부순 이야기, 큰 뱀을 죽인 이야기 그리고 사자굴의 이야기로 이루어져 있다. 7-12장은 이스라엘을 중심으로 한 세계 제국들의 번성기를 예언하고 특히 기원전 160년대에 일어난 셀레우코스 왕조(Seleucids)의 안티오쿠스 4세에 의한 유대인 핍박이 부각된다. 이런 예언들이 주어진 목적은 하나님의 백성으로 하여금 앞으로 닥칠 여러 신앙적 시련을 믿음으로 극복할 수 있기 위함이었다.

(위키백과, https://ko.wikipedia.org/wiki/다니엘_(구약성경))

말씀의 꽃 · 나만의 일독 큐티

말씀의 열매 · 기도 제목

9월

2

하늘의 왕

일독 성경 다니엘 4장 28–37절(다니엘 4–6장 中)

말씀의 씨앗

씨앗말씀 · 오늘 내게 심어진 한 절 말씀

바벨론 왕국의 위세가 높아지고 주변국을 비롯한 나라 안팎으로 힘이 세지자 느부갓네살왕은 생각합니다. "나는 위대하다." 사람과 사람 사이에서 우월함을 갖게 된 것을 마치 자신이 모든 사람 위에 신이 된 것처럼 생각합니다. 다니엘이 이미 꿈을 해석하여 겸손하지 않으면 그 모든 권세를 하나님이 취하실 것이라고 했지만 결국 교만이 그 마음 가운데 들어가고 맙니다. 느부갓네살은 자신의 능력과 권세와 영광을 자랑하며 하나님을 인정하지 않게 됩니다. 결국 정신이 나가 산과 들을 헤메며 풀을 뜯어 먹고 미친 사람처럼 야생에서 방황합니다. 그렇게 살다가 어느 날 하늘을 우러러보며 깨닫게 됩니다.

"내 밑으로만 사람이 있는 줄 알았더니 내 위에 하나님이 계시는구나!"

그것은 자신이 인간됨을 깨닫는 순간이었습니다. 그것은 자신의 힘으로 할 수 없음을 인정하고 회개하는 순간이었습니다. 동시에 하나님은 다시 느부갓네살의 총명을 회복시켜 주십니다. 하나님을 인정하는 것이 지혜입니다. 내 안에 수많은 재능과 은사와 능력을 주셨는데 활용하지 못하는 이유는 주신 분의 마음을 헤아리기보다 자신의 만족을 누리며 살기 때문입니다. 놀라운 능력은 없습니다. 하나님이 주신 능력입니다. 그것을 인정하고 노력하고 뜻대로 순종하면 모든 것을 누릴 수 있습니다. 느부갓네살은 고백하며 하나님을 찬양합니다. 하나님은 교만한 자를 낮추시는 분입니다. 우리의 삶이 겸손히 승리하길 원합니다. 승리는 하나님의 손에 있습니다.

말씀의 가지

주전 605년에 바벨론의 왕 느부갓네살에 의하여 포로로 끌려갈 때 다니엘의 나이는 열다섯이었다. 전쟁 포로로 끌려간 다니엘은 바벨론의 이방 문화에 대한 여러 가지 위협을 받는다. 그러나 그는 이방 문화에 타협하거나 동화되지 않는다. 다니엘은 뜻을 정했다. 자기를 더럽히지 않기로 뜻을 정했다. 6장 4절에 보면 바벨론의 총리들과 방백들이 국사에 대해 그를 고소할 틈을 얻고자 했으나 아무 허물을 얻지 못했으니 그가 충성되어 아무 그릇함도 없고 허물도 없었다고 했다. 리더가 되려면 환경이 변하고 세대가 바뀌어도 변하지 않는 뜻을 세워야 한다. 다니엘의 변하지 않는 원칙과 높은 뜻은 하나님이었다. 다니엘의 비전은 하나님이었다.

(정영진, 사람이 모이는 리더 사람이 떠나는 리더(리더북스 2006), p.89)

말씀의 꽃 · 나만의 일독 큐티

말씀의 열매 · 기도 제목

9월

3

불꽃 신앙

일독 성경 다니엘 7장 9-14절(다니엘 7-9장 中)

말씀의 씨앗

씨앗말씀 · 오늘 내게 심어진 한 절 말씀

다니엘이 계속해서 환상 가운데 하나님을 봅니다. 옛적부터 항상 계신 이가 좌정하신 것을 보면서 그의 옷은 희기가 눈 같고 머리털은 깨끗한 양의 털 같고 그의 보좌는 불꽃이요 바퀴는 타오르는 불이라고 묘사합니다.

불은 첫째로 태워서 정결하게 합니다. 금을 용광로에 넣어서 순도를 높이는 것과 같습니다. 어린 시절 주사기 바늘이 요즘처럼 1회용이 아니라 함께 쓸 때에 불로 달구어서 소독을 하고 한 사람씩 주사를 맞았습니다. 불이 세균을 다 태워 버리는 것이죠. 불은 태워 없이 합니다. 하나님은 의는 정금같이 나타내시고 불순물은 태워 버리십니다. 불은 또한 심판을 상징합니다. 심판의 끝이 지옥의 불의 심판으로 나타납니다. 마지막 때에 정한 시기까지 감추신 하나님의 뜻을 보이시면 모든 사탄의 권세는 이 불에 심판을 받습니다.

그러나 예수 그리스도로 말미암아 모든 성도는 예수 그리스도 안에서 소멸하지 아니하는 권세에 참여하게 됩니다. 그리고 영원히 멸망하지 않는 나라에 거하게 됩니다. 성령의 불로 모든 죄악을 태우시고 밝히시고 인도하심을 감사할 때입니다. 날마다 성령 충만함으로 우리의 신앙이 불꽃처럼 타오를 때입니다. 우리는 할 수 없지만 하나님은 행하시며 인도하십니다. 날마다 뜨겁게 승리하는 삶이 되기를 소망합니다.

말씀의 가지

느부갓네살

느부갓네살왕은 주전 604년부터 주전 562년까지 통치했던 신 바벨론 제국의 창건자였다. 그는 주전 605년에 애굽과 싸워 크게 이겼는데, 이 승리로 인해서 수리아와 팔레스타인의 주도권을 잡게 되었다. 느부갓네살왕은 이스라엘의 왕이었던 여호야김왕 3년(주전 605년)에 다니엘을 비롯하여 이스라엘의 왕과 귀족들을 포로로 잡아갔다. 또한 느부갓네살왕은 정금, 은, 놋, 철, 흙으로 되어진 큰 신상을 꿈에서 보았는데, 바로 그 꿈을 해석해 주었던 다니엘을 총리로 세웠다.

(다국어 성경 Holy Bible, http://www.holybible.or.kr/)

말씀의 꽃 · 나만의 일독 큐티

말씀의 열매 · 기도 제목

9월

4 마지막 때의 성도

일독 성경 다니엘 12장 1-13절(다니엘 10-12장 中)

말씀의 씨앗

씨앗말씀 · 오늘 내게 심어진 한 절 말씀

사도 요한에게 말씀하신 종말의 징조는 이미 다니엘에게도 말씀하셨던 것입니다.
오직 생명책에 기록된 자만이 구원을 받습니다. 육신의 죽음으로 우리는 슬퍼하지만 정작 우리가 주목해야 하는 것은 둘째 사망, 즉 생명책에 기록된 이름입니다. 그 이름이 없으면 구원에 참여하지 못합니다. 남의 일이 되고 맙니다. 아무리 선행을 하고 칭찬 들으면서 살았다 할지라도 그리스도를 믿는 믿음이 없이는 생명책에 기록될 수 없습니다. 그래서 믿음의 성도들을 통해 많은 사람이 옳은 데로 돌아오게 된다고 말씀하십니다. 하나님이 뜻하시는 곳에 거하게 된다는 이야기입니다. 그리고 이 모든 것을 더하거나 빼지 말고 그대로 전하기를 원하십니다. 환상 가운데 강 이편과 저편의 사람이 세마포 옷을 입을 사람에게 이 놀라운 일의 끝이 어느 때까지인지 묻습니다. 이에 대답합니다. 한 때 두 때 반 때를 지나서 성도의 권세가 다 깨어질 때까지라고 이야기합니다. 결국 성도의 환난이 다 끝나는 시점은 하나님 밖에 알지 못합니다. 그러나 그때가 반드시 있음을 알 수 있습니다. 성도들이 연단을 받고 스스로 정결하고 희게 할 것이지만 악한 사람은 이를 알지 못합니다. 믿음의 사람들에게 더욱 인내로 기다릴 것을 말씀하십니다. 그리고 하나님께서 다니엘의 마지막을 언급하십니다. 다니엘이 죽더라도 그것은 쉬는 것입니다. 그리고 다시 하나님의 업을 누리는 축복을 받습니다. 이는 결국 다니엘에게 임하실 하나님의 섭리를 알게 하십니다.
우리 모든 성도에게 하나님께서 영원한 생명을 허락하셨습니다. 그렇기 때문에 지금 우리가 나가서 지켜야 하는 것은 이 믿음입니다. 하나님이 함께하시는 삶으로 승리하기를 소망합니다.

말씀의 가지

메대 [Medes]

메소보다미아 북동쪽, 카스피 해 남쪽, 해발 약 900m의 고원 지대에 위치한 고대 제국. 오늘날 이란 북서 지방에 해당된다. 야벳의 아들 마대(메대)의 후손들이 건설한 나라로 보이며, 이 경우 고멜, 마곡, 야완, 두발, 메섹 등은 모두 형제 민족이라 할 수 있다(대상 1:5). 약 B.C. 10세기경 이곳에 정착하기 시작했으나 부족 간에 결속력이 약해 앗수르의 디글랏 빌레셀 3세, 사르곤 2세의 지배를 받았다. 앗수르에 의해 멸망당한 북이스라엘 백성이 포로로 끌려가 메대 땅에 살기도 하였다(왕하 17:6, 18:11).

(라이프성경사전(생명의말씀사 2006), 메대)

말씀의 꽃 · 나만의 일독 큐티

말씀의 열매 · 기도 제목

9월 5

회복되리라

일독 성경 호세아 1장 1-11절(호세아 1-3장 中)

말씀의 씨앗

씨앗말씀 · 오늘 내게 심어진 한 절 말씀

북이스라엘에서 활동하던 호세아 선지자에게 임하신 하나님의 뜻은 음란한 아내를 취하라는 것입니다. 오래 기다리던 하나님의 음성이 다른 선지자들처럼 심판을 선포하는 게 아니라 하나님의 아픔을 삶으로 나타내라는 말씀이었습니다. 호세아는 순종하여 고멜이라는 여인을 아내로 맞이합니다. 첫째 아들을 낳아 이스르엘이라 이름 짓습니다. 이스르엘은 흩어진다는 뜻으로 이스라엘이 흩어질 것을 나타냅니다. 둘째 딸의 이름은 로루하마라고 짓습니다. 더 이상 긍휼이 없다는 뜻입니다. 셋째 아들은 로암미라고 짓습니다. 더 이상 내 백성이 아니라는 뜻입니다. 자녀의 이름은 정말 중요합니다. 그런데 그 이름을 이처럼 심판의 이름으로 짓도록 말씀하신 하나님께 순종한 것이 바로 호세아서의 메시지입니다. "이스라엘은 심판받아 내가 더 이상 돌아보지 않을 것이다." 그러나 하나님께서는 연이어 이렇게 말씀하십니다.

"그러나 그들을 회복할 것이다.
그래서 그들의 이름을 암미, 그리고 루하마라 지을 것이다."

다시 백성 삼고 긍휼히 여길 것이라는 뜻입니다. 이것은 심판이 없다는 게 아니라 새로운 세대를 일으키실 것을 말씀하십니다. 우리를 통해 다시 새롭게 만드실 것을 말씀하십니다. 하나님은 우리를 사랑하셨기 때문에 친히 이 땅에 오셔서 육신을 입어 우리를 위하여 죄의 댓가를 치루어 주셨습니다. 그 모든 심판과 저주를 담당하시고 이제 우리에게 새 소망과 축복을 허락해 주셨습니다. 그리고 구원의 은혜를 허락하셨습니다. 호세아의 삶이 비록 아픔을 가지고 있다 해도 그것은 하나님의 마음이며 호세아가 선지자로서의 인정을 받는 증거입니다. 비록 고난과 역경이 있다 할지라도 묵묵히 이겨내신 예수님을 바라보고 오늘 호세아를 통해 나타내신 것처럼 삶을 통해 순종하는 우리의 삶이 되기를 소망합니다.

말씀의 가지

호세아는 브에리의 아들이며, 기원전 8세기에 활동한 이스라엘의 예언자이다. 호세아서에 따르면, 그는 북왕국 이스라엘의 예로보암 2세 시대에 예언자로서의 활동을 시작했다. 그는 북왕국 이스라엘에서 기원전 740년부터 720년 사이의 시기에 생존했다. 호세아서 5장 8절부터의 내용으로는 아시리아 제국에 의해 북왕국 이스라엘이 몰락하게 된 전쟁에 대한 언급이 있어, 그가 자신의 활동 무대였던 이스라엘이 몰락할 무렵(기원전 721년)까지 활동했음을 짐작할 수 있다. 호세아의 가족의 일생은 이스라엘이 유일신 야웨를 저버리고 가나안 지역의 다신교와의 "음란한" 관계를 맺는 모습을 묘사하고 있다. 호세아 예언자의 아내 고멜이 다른 남자들과 불륜을 저질렀다는 이야기와 더불어 호세아의 세 아이들의 이름은 야웨를 저버린 이스라엘 민족의 상징으로서 언급되고 있다. 전체적으로 암울한 분위기를 자아내고 있으나, 이를 통해 야웨와 이스라엘의 약속의 회귀를 약속하고 있는 것이다.

(위키백과, https://ko.wikipedia.org/wiki/호세아_(구약성경))

말씀의 꽃 · 나만의 일독 큐티

말씀의 열매 · 기도 제목

9월

6

그의 앞에서 살리라

일독 성경 호세아 6장 1-11절(호세아 4-6장 中)

말씀의 씨앗

씨앗말씀 · 오늘 내게 심어진 한 절 말씀

"오라 우리가 여호와께로 돌아가자. 여호와께서 우리를 찢으셨으나 도로 낫게 하실 것이요, 우리를 치셨으나 싸매어 주실 것임이라. 이른 비와 늦은 비같이 우리에게 다시 당신의 사랑을 나타내실 것이라." 밭의 식물이 물을 통해 생명을 유지하듯이 사람은 하나님을 통해 참 생명을 가지게 됩니다. 결국 하나님은 심판 중에도 자신의 백성을 다시 구원할 계획을 세우십니다. 결국 이러한 고백으로 다시 돌아올 것을 소망하십니다. 하나님의 꿈은 하나님의 사람에게 있습니다. 마치 아침 구름이나 이슬처럼 쉬 없어지는 믿음을 가지고 결국 심판을 받게 되어 있지만 그럼에도 하나님은 회복을 약속하신 것입니다. 하나님께서 우리 인생 가운데 원하시는 것은 무엇입니까?

"나는 인애를 원하고 제사를 원하지 아니하며 번제보다 하나님을 아는 것을 원하노라." 예수님이 사랑하라고 말씀하신 것처럼 사랑하기를 원하십니다. 사울왕에게 사무엘이 말한 것처럼 제사보다 순종을 원하십니다. 우리의 인생의 진정한 가치는 하나님을 통하여 나타납니다. 아담이 약속을 어기고 선악과를 따 먹은 것처럼 백성이 하나님의 말씀을 어겼습니다. 길르앗에서 하나님이 원하시는 뜻이 아닌 사람의 계획으로 피를 흘립니다. 그리고 세겜에서 제사장이 하나님의 뜻이 아닌 자신의 욕심을 위하여 악을 행합니다. 이스라엘의 집에서 하나님을 떠난 가증한 일을 서슴지 않습니다. 결국 추수 때에 알곡과 가라지를 가르듯이 심판을 통하여 하나님의 사람들을 구별하십니다. 마지막까지 우리가 해야 할 일은 하나님 앞에 나아가는 것입니다. 날마다 순종의 결단을 삶의 행함으로 증거하기를 소망합니다.

말씀의 가지

벧아웬 [Beth Aven]

'사악한 집', '우상(숭배)의 집', '공허(무가치한 것)의 집'이란 뜻. 아이 성에 가까우며, 벧엘 동쪽, 믹마스 서북쪽에 있는 황무지를 끼고 있는 성읍이다(수 7:2, 18:12; 삼상 13:5). 베냐민 지파에게 할당된 곳(수 18:11-12). 사울왕 때에 블레셋 사람이 이스라엘과 싸우려고 이곳 동쪽 믹마스에 진을 쳤으며(삼상 13:5), 이때 다급해진 사울이 하나님의 사람 사무엘을 기다리지 못하고 자신이 번제와 화목제를 드려 하나님의 법도를 어김으로써 폐위를 선언당하게 된다(삼상 13:6-15). 그러나 이스라엘을 생각하신 하나님의 도움으로 블레셋을 물리치게 된다(삼상 14:23).

한편, 호세아와 아모스 선지자가 하나님의 집이라 불리던 벧엘의 우상 숭배를 경고한 바 있는데(호 4:15; 암 5:5), 특히 호세아는 우상 숭배의 중심지로 타락해 버린 '벧엘'을 '벧아웬'이라는 경멸 조의 별칭으로 바꿔 부르기도 하였다(호 4:15, 10:5).

(네이버 지식백과 http://terms.naver.com, 벧아웬)

말씀의 꽃 · 나만의 일독 큐티

더 생각해 보기

1. 우리를 찢고 치신다는 것은 무슨 의미일까?(1절)
2. 내가 지금까지 드린 예배는 어떤 모습이었을까?(6절)
3. 나와 내 주변 사람들과의 관계는 어떠한가?
4. 나와 하나님과의 관계는 어떠한가?

9월

7

진실한 예배

일독 성경 호세아 8장 8-14절(호세아 7-9장 中)

말씀의 씨앗

씨앗말씀 · 오늘 내게 심어진 한 절 말씀

이스라엘은 제단을 많이 만들었습니다. 하나님을 잘 섬기기 위한 노력처럼 보입니다. 그러나 하나님은 예루살렘 제단을 통하여 제사하기를 원하십니다. 벧엘과 단에 제단을 만들라고 말씀하시지 않았습니다. 그것은 인간의 편리함을 위한 위선입니다. 많이 만드는 것보다 하나님의 뜻대로 순종하는 것이 중요합니다. 제사를 드리고 남은 고기를 먹는 것이 아니라, 고기를 먹기 위해 형식적으로 제사 드리는 모습은 복을 받기 위해 예배를 드리는 지금의 모습과 다르지 않습니다. 복을 받기 위하여 예배하는 것이 아닙니다. 예배를 드림으로 하나님이 주신 복을 누리게 되는 것입니다.

이스라엘이 궁궐을 짓고 성곽을 쌓는 모습을 보면서 하나님은 한탄하십니다. 보호를 믿지 못하고 말이 있기도 전에 스스로 보호하려고 짓는 성을 보면서 불을 보내어 삼켜버리겠다고 말씀하십니다. 아무리 튼튼하게 지은 성도 태풍 한 번이면 다 무너지고 맙니다. 그러나 하나님이 보호하시면 폭풍 속의 오두막도 안전합니다. 인간이 만들고 안전하다 하는 것들이 오히려 더 괴롭히는 것을 경험하지 않습니까?

이제는 하나님이 원하시는 삶을 분별할 때입니다. 위선을 버리고 허식을 버리고 자랑을 버리고 하나님 앞에 겸손함으로 순종하는 것이 능력입니다.

하나님은 진실한 예배자를 찾으십니다. 형식이나 위선이 아닌 하나님을 위한 예배자, 형식으로 거룩함을 가장하지 않고 오직 주를 위해 은밀히 헌신하는 사람을 하나님은 기뻐하십니다. 하나님의 마음을 즐겁게 해드리는 삶이 되기를 기도합니다.

말씀의 가지

용서할 수 없는 사람을 용서해 보지 않곤 하나님의 마음을 품을 수 없다. 호세아의 순종을 살펴보자. 호세아를 향한 하나님의 명령은 무엇이었는가? "너는 가서 음란한 여자를 맞이하여 음란한 자식들을 낳으라." 만약에 하나님께서 내게 이런 명령을 하셨다면 나는 어떻게 했을까 생각해봤다. 아무리 생각해봐도 순종하기 쉽지 않은 일이다. 놀라운 것은 이런 이해할 수 없는 하나님의 요구 앞에 호세아는 "왜요?"라고 묻지 않고 그대로 "아멘" 했다는 것이다. 성경에는 특별히 호세아의 마음이 표현되어 있지 않지만 그의 마음속에 갈등이 전혀 없지는 않았을 것이다. 호세아는 이사야 선지자와 동시대 사람이다. 그런데 이사야는 왕궁을 들락날락하며 복음을 외치는 사역자가 되었다면, 호세아는 사역을 그만두고 음란한 여인과 결혼하여 음란한 자식들을 낳아야 했다. 그렇다면 당연히 "저는 왜요?" 묻고 싶지 않았을까?

(유재명, 포기 없는 기다림(넥서스 2010), p.28)

말씀의 꽃 · 나만의 일독 큐티

말씀의 열매 · 기도 제목

9월
8

여전히 사랑하시다

일독 성경 호세아 11장 8-11절(호세아 10-12장 中)

말씀의 씨앗

씨앗말씀 · 오늘 내게 심어진 한 절 말씀

"어찌 너를 놓겠느냐? 어찌 너를 버리겠느냐?"

진노와 심판을 선포하신 하나님께서 더 이상 참을 수 없는 눈물을 보이십니다.
제겐 하나님의 눈물이 보입니다.

"아무리 이야기해도 소용이 없구나
이젠 내가 너를 위하여 희생하는 수밖에는…"

예수님께서 우리를 위하여 죽기까지 사랑하신 그 사랑이 이 장면에서 보입니다. 우리는 하나님을 안다 하면서 너무 모릅니다. 아무리 이야기해도 모릅니다. 이렇게 사랑하셔서 직접 오셔서 고통당하시면서까지 우리를 죄의 심판에서 건지셨는데도 여전히 죄를 짓고 심지어 믿지 않기까지 합니다. 내가 먼저 변화되어야 합니다. 그리고 복음을 전해야 합니다. 하나님은 우리를 사랑하십니다.

말씀의 가지

궁휼 [Mercy]

다정히 사랑하며 측은히 여김(시 25:6). 불쌍히 여겨 동정함(pity). 상대방에 대한 불붙는 마음으로, 있는 그대로 상대를 받아주고 은혜를 베풂(눅 1:54). 구약에서 가장 많이 사용되는 히브리어 단어는 '라하밈'이다. 이는 부모가 자녀에게, 형이 동생에게 가지는 애틋한 정을 의미한다(시 103:13; 사 13:18). 따라서 가난하고 어려운 이웃에게 긍휼을 베푸는 자세 역시 부모 형제 사이의 애틋한 정을 나누는 심정으로 행해져야 함을 알 수 있다. 다음으로 자주 사용되는 히브리어는 '헤세드'다. 이 말은 택한 백성과 맺은 언약에 기초한 하나님의 사랑을 나타낼 때 주로 사용된다. 이 역시 '긍휼'로 번역되는데, 특히 호세아 선지자는 택한 백성을 향한 하나님의 사랑을 '긍휼'의 차원에서 다루고 있다. 말하자면 택한 백성 이스라엘은 하나님과의 언약을 저버리고 파기했지만 그래도 하나님은 일방적으로 그 언약을 지키시며 택한 백성이 돌아오기를 기다리셨는데, 이것이 바로 하나님의 긍휼하신 성품인 것이다. 이 긍휼하신 성품이 가장 극적으로 나타난 사건이 바로 죄인을 구원하기 위해 예수 그리스도께서 인간의 육신을 입으시고 이 땅에 오신 성육신 사건이다(엡 2:4; 딛 3:5-6).

(라이프 성경사전(생명의말씀사 2006))

말씀의 꽃 · 나만의 일독 큐티

말씀의 열매 · 기도 제목

9월

9 약속을 지키시는 하나님

일독 성경 호세아 14장 4-9절(호세아 13-14장 中)

말씀의 씨앗

씨앗말씀 · 오늘 내게 심어진 한 절 말씀

사람은 건강을 지키길 원합니다. 그래서 모두 자신만의 방법이 있습니다. 남들이 뭐라 해도 지켜 나갑니다. 그렇게 육신의 건강을 위해서 다양한 방법으로 노력하면서 정작 영적인 건강에는 민감하지 못합니다. 한국에서 청소년기 아이들의 가장 큰 사망 원인은 사고도 질병도 아닌 자살입니다. 세상의 지식을 위해 영적인 건강을 뒤로 미루면 결국 모든 것을 잃고 맙니다. 이스라엘도 여로보암 시대에 번영을 누렸습니다. 그러나 그 번영 뒤에 오는 죄악의 모습을 찾지 못했을 때에 결국 동맹하려 했었던 앗수르에 의해서 멸망당하고 맙니다.

무엇보다 우리가 지켜야 할 것은 영적인 건강함입니다. 우리가 지켜야 하는 것은 바로 믿음의 모습입니다. 예수님께서 오실 때 고난을 알면서 오셨습니다. 종교 지도자들에게 공격당할 것을 아시면서도 하나님이심을 밝히셨습니다. 사람들이 따를 때 그들이 비난하고 조롱하게 될 것을 아시면서도 치유와 가르침을 주셨습니다. 잔혹한 십자가의 형벌이 얼마나 중한지 알면서도 우리를 사랑하심으로 끝까지 감당하셨습니다. 예수님은 우리를 위하여 자신을 버리면서까지 지켜 주셨습니다. 예수님의 이름에 구원의 능력이 있습니다. 그래서 예수님 이름을 부르며 기도하는 자에게 응답이 있습니다. 우리는 우리의 생각과 말과 행동과 삶을 지켜야 합니다. 그리고 우리의 가정이나 일, 그 무엇보다도 교회를 지켜야 합니다. 하나님의 길을 가야 합니다. 오직 예수 그리스도 안에 참된 생명의 길이 있습니다. 하나님이 기뻐하시는 일이 무엇인가를 깨닫고 믿음으로 승리하는 삶이 되길 소망합니다.

말씀의 가지

집 나간 자녀를 기다리는 아버지는 시간을 보지 않는다. 기다리는 사람에게는 시간이 없다. 그것이 사랑이다. 타락한 아내 고멜을 호세아는 기다려 주었다. 교회 안에 연약한 성도가 있다. 그 연약한 성도를 기다려 주는 것이 교회이다. 기다릴 때 해야 하는 것은 '기도'이다. 소망 중에 즐거워하며 환난 중에 참으며 기도에 힘쓸 때 사랑의 공동체가 되는 것이다. 교회에 오면 하나님과 하나님 공동체라는 사실을 어떻게 알 수 있을까? 하나님의 사랑을 느낄 수 있는 비결은 낮은 데로 내려가는 것이다. 높은 자리에 있으면 하나님을 느낄 수 없다. 여러분이 가난한 자들과 있으면 하나님을 느낄 수 있다. 진정한 교회는 섬김에 있다. 예수님이 제자들의 발을 씻어 주셨듯이 형제의 발을 씻어 주고 낮은 데로 내려가서 그들의 다리가 되어 주었을 때 하나님은 영광을 받으시는 것이다. 부지중에 천사를 대접한 아브라함처럼 형제들을 대접하기를 바란다.

(하용조, 로마서의 비전(두란노 1998), p.252)

말씀의 꽃 · 나만의 일독 큐티

말씀의 열매 · 기도 제목

9월 **10**

마음을 찢으라

일독 성경 요엘 2장 12-17절(요엘 1-3장 中)

말씀의 씨앗

씨앗말씀 · 오늘 내게 심어진 한 절 말씀

우리가 죄악 가운데 방황하고 있을 때에 이제라도 금식하며 회개하며 돌아오기를 원하시는 하나님은, 우리의 애통하는 마음을 받아주시는 분이십니다. 죄에 대하여 후회하고 뉘우쳐도 사람은 용서할 수가 없습니다. 그것이 약점이 되어 괴롭힙니다. 그러나 하나님은 죄를 덮어 주시고 우리를 다시 회복시켜 주십니다. 우리에게 필요한 것은 옷을 찢는 것이 아니라 마음을 찢으라는 말씀대로 중심을 드리는 것입니다. 마음의 중심이 하나님께로 가면 비록 눈에는 눈물이 있고 가슴에는 아픔이 있어도 하나님이 함께하신다는 기쁨이 모든 것을 이길 수 있는 힘이 됩니다.

하나님은 은혜롭고 자비롭고 노하기를 더디 하시며 인애가 크신 분이십니다. 심판은 우리를 향한 저주가 아니라 다시금 회복시키시는 통로입니다. 악인은 심판을 견디지 못하나 하나님을 바라보는 사람은 이겨낼 수 있습니다. 불 속에 들어간 다니엘의 친구들이 옷자락 하나 탄 냄새도 없음은 하나님의 보호하심이 아니면 불가능했습니다. 뜻을 돌이키사 우리를 다시 회복시키시는 하나님 앞에서 우리가 할 일은 예배를 회복하는 것입니다. 다시 모여야 합니다. 그리고 거룩한 제사로 나아가야 합니다.

요엘의 때에 메뚜기 예언은 온 땅이 황폐하게 되는 것을 의미합니다. 그러나 다시 마음을 회복시키시고 예배를 회복시키시사 이 모든 어려움 속에서 오히려 진정한 믿음을 찾게 하십니다. 우리의 예배는 오직 하나님만 부르짖으며 나가야 합니다.

다시금 회복시키시는 하나님을 신뢰함으로 승리하는 삶이 되기를 소망합니다.

말씀의 가지

하나님은 요엘 선지자를 통해 "옷을 찢지 말고 마음을 찢으라" 하셨다. 어둠에 속한 생각만 잔뜩 들어 있는 마음은 미련 없이 찢어서 버려야 한다. 음란한 생각, 부정, 정욕, 탐심으로 가득한 마음은 가차 없이 찢어서 미련 없이 멀리 내다 버려야 한다. 화내고 노여워하고 분하고 억울하고 욕심, 색욕, 중상, 모략, 다툼, 성냄으로 채워진 심보는 가차 없이 찢어서 미련 두지 말고 내다 버려야 한다. 그리스도와 함께 무덤에 묻어 버려야 한다. 물 속에 영원히 수장시켜 죽이고 다시 태어나야 한다. (생략) 우리 마음에 담긴 생각이 축복에 속한 생각과 일치할 때 하나님이 주시는 승리와 행복과 그분의 위대한 능력을 덧입을 수 있다. 땅에 속한 생각을 깨끗이 정리하고 위엣 생각으로 바꾸어 가질 때, 땅에 속한 삶을 하늘에 속한 삶으로 바꾸어 주실 것이다.

(서광섭, 마음의 내시경(청어 2009), p.96)

말씀의 꽃 · 나만의 일독 큐티

말씀의 열매 · 기도 제목

9월

11 보이지 않으면 나타나지 않는다

일독 성경 아모스 3장 1-8절(아모스 1-3장 中)

말씀의 씨앗

씨앗말씀 · 오늘 내게 심어진 한 절 말씀

하나님은 죄악에 빠져 있는 백성을 심판하십니다. 그러나 이스라엘 백성에게 하나님은 이미 애굽에서 건져주신 분이십니다. 온 민족 가운데 이스라엘을 선택하셔서 인도하신 분이십니다. 이스라엘을 누구보다도 사랑하시는 분이십니다.

그러나 죄악에 대해서는 단호하십니다. 두 사람의 동의 없이 동행할 수 없듯이, 박수도 두 손이 부딪혀야 소리가 나듯이 죄악에 있는 우리가 그것을 부정할 수는 없는 것입니다. 그러나 죄악에 있는 사람에게 심판은 저주가 아니라 오히려 이유가 있는 사랑이며, 무관심이 아니라 하나님의 관심입니다. 하나님은 갑자기 심판하시는 것이 아니라 그 뜻을 보이시고 나타내십니다. 우리가 잊고 살고 모르고 살고 무시하고 살기 때문에 갑자기 나타나는 것처럼 느낄 뿐입니다.

그러나 결국 하나님의 뜻은 하나님의 사람을 통하여 반드시 나타내십니다.
이제 우리가 할 일은 다시 한 번 영적인 눈을 뜨고 하나님의 뜻을 분별하여 나아가는 것입니다. 우리가 하는 것이 아니라 하나님이 행하시고 인도하실 줄 믿습니다.

말씀의 가지

아모스서는 구약의 소예언서 열두 권 가운데 셋째 권이다(소예언서라고 부르는 이유는 대예언서보다 분량이 적기 때문이다). 아모스는 부자들이 빈민들을 착취하고 있다고 대담하게 비난했기 때문에 '정의의 선지자'라고 불린다. 그의 짧은 책에서 자주 인용되는 문구들이 있다. 이를테면 "그들이 은을 받고 의인을 팔며 신 한 켤레를 받고 가난한 자를 팔며"(아모스 2:6)라든가, "정의를 물같이, 공의를 마르지 않는 강같이 흐르게 할지어다"(아모스 5:24) 같은 구절이다. 아모스는 "힘없는 자의 머리를 티끌 먼지 속에 발로 밟고 연약한 자의 길을 굽게"(아모스 2:7) 하는 부자와 권력자를 호되게 비판했다. 다른 선지자들과 마찬가지로 아모스도 신에게만 아부하고 인간을 사랑할 줄 모르는 사람들을 좋게 보지 않았다. 또한 그는 "시온에 편히 앉아서" 심신이 모두 안락하다고 여기는 사람은 빈민을 박대하고 경멸한 대가로 장차 파멸하게 될 자신의 운명을 모르고 있다고 주장했다. 양치기에 불과한 신분이었지만 그는 사제 아마샤에게 용감히 맞섰다.

(바이블 키워드, 아모스(Amos), 도서출판 들녘 2007)

말씀의 꽃 · 나만의 일독 큐티

말씀의 열매 · 기도 제목

9월

12 정의를 물같이 공의를 강같이

일독 성경 아모스 5장 21-27절(아모스 4-6장 中)

말씀의 씨앗

씨앗말씀 · 오늘 내게 심어진 한 절 말씀

하나님을 떠난 이스라엘 백성은 아무것도 아닙니다. 형식만 남은 예배는 의미가 없습니다. 제사를 드리지만 하나님이 받으시지 않기 때문입니다. 이제 노래를 그치라고 말씀하십니다. 자신을 위해 찬송을 지은 자에게 이렇게 말씀하시는 것은 단호한 심판입니다. 껍질만 번드르한 과일이 되지 말라는 것입니다. 그것은 우리의 인생이 진정한 행복을 잃어버린 것입니다. 공의와 정의를 물과 같이 흐르게 하라. 법과 정의는 선한 기준을 만드는 것입니다. 공평한 추를 하나님께서 원하십니다.

이제 세상 가운데 힘이 있는 사람, 능력이 있는 사람이 아니라 소외되고 연약한 사람을 불쌍히 여기고 그들 곁에 서야 할 때입니다. 세상의 조건이 아니라 하나님의 꿈을 품는 사람이 되야 합니다. 예수님께서 이미 그 뜻을 전달해 주셨습니다. 땅끝까지 이르러 복음을 증거하고 예수님만이 구원임을 선포하는 것 외에 다른 데 힘 빼지 않아야 합니다. 진정한 생명은 오직 하나님 안에 있습니다. 그분이 우리를 지으셨기 때문입니다. 이제 우리가 해야 할 일은 우상에서 벗어나야 합니다. 그리고 우리는 이제 세상 속에서 승리할 때입니다. 문을 닫는 것이 아니라 세상 속에서 모범되는 삶을 통하여 하나님의 정의를 나타낼 때입니다.

"내 자랑, 내 기준, 내 힘, 내 소유, 내 욕심…"

나로 일색된 삶의 기준들이 이제는 하나님의 뜻, 하나님의 사랑, 하나님의 은혜, 하나님의 축복! 하나님께서 중심에 계심을 끊임없이 고백할 때입니다.

세상이 모두 무너져도 은밀한 중에 보시는 하나님의 평강이 우리의 마음과 생각을 지켜 주실 것입니다. 오늘도 승리하십시오.

말씀의 가지

바산의 암소들 [Cows of Bashan]

바산의 훌륭한 목초지 위에서 자라는 살진 가축들을 배경으로 한 표현으로, 아모스 선지자 당시 사치와 향락에 빠진 채 가난한 이웃에 대해서는 전혀 관심을 가지지 않았던 북이스라엘 고위 관리의 아내와 딸들을 가리킨다(암 4:1).

(라이프 성경사전(생명의말씀사 2006), 바산의 암소들)

말씀의 꽃 · 나만의 일독 큐티

말씀의 열매 · 기도 제목

9월

13 아모스와 아마샤

일독 성경 아모스 7장 10-17절(아모스 7-9장 中)

말씀의 씨앗

씨앗말씀 • 오늘 내게 심어진 한 절 말씀

아마샤는 벧엘에서 예언자로 활동하였습니다. 그는 어느날 나타난 아모스를 보면서 모함하기 시작합니다. 아모스, 너는 왕과 나라를 저주하였으니 이제 떠나라.

아모스는 뽕나무 밭에서 부름을 받은 목자였습니다. 양을 치며 가는데 하나님의 부르심을 받아 예언하기 시작하였습니다. 아마샤는 왕이 세운 선지자였기 때문에 왕의 마음에 드는 것이 중요했습니다. 여기서 차이가 있습니다. 현재의 신분이 중요한 것이 아닙니다. 하나님이 보시는 중심이 중요합니다. 아모스는 하나님을 의지하고 하나님의 부르심으로 선지자가 되었고, 아마샤는 사람이 세워 선지자 역할을 하기 시작한 것입니다. 진짜가 없습니다. 진짜는 하나님이 내 안에 있고 내가 그 안에 있을 때 능력으로 나타납니다.

결국 하나님은 아모스를 통하여 진짜를 예언하십니다. 너와 네 자식과 부인 모두가 파멸할 것이다. 아마샤의 거짓은 당장에는 세상 권세와 힘이 있어 보여도 결국은 망하고 맙니다. 하나님이 거짓을 물리치십니다. 무서운 일이죠. 사람은 속일 수 있어도 하나님은 속일 수 없습니다. 아마샤는 사람을 두렵게 하는 데는 성공해도 진실한 하나님의 종 앞에서는 꼼짝하지 못합니다. 비록 아모스의 모습이 초라하고 누추해도 하나님의 말씀이 그 안에 있었습니다. 더 당당하게 이야기하자 세상은 그의 말에 놀라게 됩니다. 그리고 알게 됩니다. "하나님이 함께하시는 사람이 있구나!"

시간이 갈수록 더욱 하나님과의 관계가 깊어지기를 소망합니다. 그리고 더욱 신앙이 자라고 믿음의 모습으로 온유하게 늙어가기를 바랍니다. 세상의 시간은 흘러가고 있으나 하나님의 시간은 계속 우리 가운데 영원토록 흐르고 있습니다.

말씀의 가지

아모스는 남유다 사람이다. 북이스라엘과 상관없는 사람이었지만, 아모스는 그 나라를 위해 간구하고 하나님의 뜻을 돌이키고자 했다. 우리는 하나님의 섭리에 순종해야 한다. 하나님께서 부르신 그곳이 바로 기도의 자리임을 인식하라. 어느 곳에 기반을 두고 있든 부르심을 받은 그곳에서 하나님의 말씀을 대언하고, 그 땅을 위해 중보하라. 담대한 사람이 민족을 변화시키고 열방을 변화시킬 수 있다. (중략) 벧엘의 제사장 아마샤는 아모스 7장에서 우리 민족을 혼란하게 하고 있다고 말한다. 쓸데없는 얘기하지 말고 네 고향으로 돌아가라는 말이다. 아모스를 핍박하며 무시하고 있다. 그러나 아모스는 무시당하면서도 기죽지 않는다. 담대하게 선포하는 아모스처럼 우리 또한 하나님을 의지하여 세상 앞에서 당당하고 담대한 태도를 가져야 한다.

(원 베네딕트, 하나님의 짐을 진 사람, 아모스(넥서스 2009), pp.183-184)

말씀의 꽃 · 나만의 일독 큐티

더 생각해 보기

1. 평범하다는 이유로 억울한 상황을 경험한 적이 있는가?(10절)
2. 깊은 자괴감에 빠질 때 어떻게 해야 할까?
3. 아모스는 자신의 정체성을 바르게 잡은 사람이었다(14-15절). 나의 정체성은 어떤가?
4. 진정한 담대함은 어디서부터 나오는 것일까?(16-17절)

9월 **14**

불꽃처럼 타오르라

일독 성경 오바댜 1장 10-18절(오바댜 1장 中)

말씀의 씨앗

씨앗말씀 · 오늘 내게 심어진 한 절 말씀

에돔은 이스라엘과 형제 나라입니다. 중고등부의 한 목사님이 김연아 선수의 금메달이 너무 기뻐서 우리 한국 민족의 딸이 금메달을 땄다고 감사함으로 예화를 드는데 갑자기 한 여자아이가 손을 들고 이렇게 말했습니다. "목사님 저는 미국 사람인데요. 하나도 기쁘지 않습니다. 그만하세요." 모습도 부모도 모두 한국 사람인데 그 아이의 가슴은 그것이 아니었습니다. 동질감이 없으면 어떠한 기쁨도 공유되지 않습니다. 이스라엘이 야곱의 자손이라면 에돔은 형 에서의 자손입니다. 그러나 에돔은 형제 나라임에도 오히려 이방 민족보다 더 못한 행동을 합니다. 이방 민족과 동맹하여 이스라엘을 괴롭히고 또한 약탈할 때에 동참하여 함께 합니다. 하나님은 오바댜를 통하여 이를 미워하시고 벌하시리라고 것을 말씀하십니다. 고난이 저주가 아니라, 고난 중에 하나님이 계시지 않는 것이 심판입니다. 어떠한 어려움도 하나님이 함께하시면 이길 수 있습니다. 결국 하나님이 보호해 주시지 않으면 에돔은 아무런 힘이 없이 무너지고 맙니다.

그러나 시온산에는 피할 자가 있다고 말씀하셨습니다. 비록 지금은 어렵지만 야곱의 자손을 보존하십니다. 그리고 야곱은 불이 되고 요셉은 불꽃이 되어 하나님이 원하시는 일을 하게 됩니다. 그러나 에서는 지푸라기가 되어 타서 재가 됩니다.

하나님의 빛을 발하는 불꽃, 뜨겁게 세상의 더러움을 태우는 불이 되어 영광을 나타내는 삶이 되기를 소망합니다.

말씀의 가지

오바댜는 구약에서 가장 짧은 21절의 분량으로 구성되어 있다. 작은 분량의 책이지만 형제 나라인 유다 백성을 괴롭힌 에돔의 죄악들을 지적하고 심판을 선포하는 어조는 매우 강렬하다. 이는 마치 법정에서 재판관이 죄인의 죄목을 열거하고 형량을 언도하는 듯한 느낌을 준다. 이렇게 에돔의 멸망을 선포하고 있지만 여기에 머물지 않는다. 에돔으로 대표되는 불신 세력들은 반드시 멸망하고 하나님은 자신의 백성과 나라를 더욱 공교하게 세우신다는 것이 중심 주제라 할 수 있다(1:17-21). 선지자는 비록 유다 백성이 에돔으로부터 어려움을 당하나 하나님께서 이들을 회복시키시고 친히 왕이 되셔서 택한 백성을 다스리실 것이라 말한다(19-20절). 이는 하나님께서 통치자가 되실 때만이 택한 백성들이 참된 평화와 안식을 얻게 된다는 사실을 보여 준다. 하나님의 다스림을 받는 것은 속박이 아니라 고통과 근심, 염려로부터 해방되는 참된 자유의 시작인 것이다.

(라이프 성경사전(생명의말씀사 2006) 오바댜)

말씀의 꽃 · 나만의 일독 큐티

말씀의 열매 · 기도 제목

9월

15

요나의 기도

일독 성경 요나 2장 1-10절(요나 1-4장 中)

말씀의 씨앗

씨앗말씀 · 오늘 내게 심어진 한 절 말씀

하나님께서 요나에게 니느웨로 가서 심판을 경고하라고 말씀하십니다. 요나는 그냥 심판하시지 왜 기회를 주는지에 대하여 불만이었습니다. 그래서 요나는 니느웨로 가는 배가 아니라 다시스로 가는 배를 탑니다. 그런데 배가 풍랑을 만납니다. 그리고 풍랑의 이유가 요나 때문임을 알고 그를 물속에 던집니다. 큰 물고기가 와서 요나를 삼킵니다. 사람들은 물고기에 삼켜진 요나를 보고 죽었다 여겼지만 하나님은 요나를 살리시는 계획으로 물고기를 보내신 것입니다. 물고기 뱃속에서 요나는 기도하기 시작합니다.

"고난으로 말미암아 기도하였더니 하나님께서 들으셨나이다.
내가 산의 뿌리까지 내려갔사오며 땅이 그 빗장으로 나를 막았사오나
나의 하나님 여호와여 주께서 내 생명을 구덩이에서 건지셨나이다."

비록 물고기 뱃속에서 이후의 일을 알지 못하지만 분명히 하나님의 뜻을 이루시기 위한 과정임을 깨닫고 요나는 간절한 마음으로 회개하며 간구하였습니다. 그의 고백을 들으시고 하나님께서 물고기에게 명하여 요나를 육지에 토하게 합니다. 결국 요나는 다시 니느웨를 향하여 가서 경고를 하고 니느웨성은 하나님께 회개함으로 용서를 받습니다. 우리는 실수해도 하나님은 실수하지 않으십니다. 그리고 실수한 우리에게 다시 기회를 주시사 결국 요나를 통해 계획하신 대로 일을 이루십니다.
사랑하시되 끝까지 사랑하시고 사용하시되 끝까지 사용하시는 하나님을 바라보며 날마다 용기를 잃지 않는 삶이 되기를 소망합니다.

말씀의 가지

요나는 자기 의가 강한 사람이었지만 한편 기도하는 사람이었다. 그렇기에 그는 기도를 통해서 여호와 하나님과 의에 대한 줄다리기를 할 수 있었으며, 기도하는 사람이었기에 하나님도 그를 버리지 않으시고 끝까지 들어 쓰셨을 것이다. 인간이 주장하는 의와 하나님의 공의의 길은 같지 않아서 하나님은 심판에 앞서 기다리시며 회개하고 돌아오기를 기다리시는 하나님임을 보이신다. 예수님은 밤낮 사흘을 땅속에 있다가 부활하심을 요나가 큰 물고기 뱃속에서 사흘 동안 회개한 후에 다시 살아난 것에 비유해 말씀하실 때에 요나의 회개가 이루어진 물고기 뱃속의 의미를 다시 한 번 상고하게 된다. (중략) 예수님이 "요나보다 더 큰 이가 여기 있느니라"라고 하실 때 요나를 통해서는 회개를 그리고 예수님을 통해서는 회개 다음에 오실 성령의 임재를 예시하는 것으로 받게 된다.

(백남영, 내가 찾은 성경(아름다운사람들 2010), pp.313-314)

말씀의 꽃 · 나만의 일독 큐티

말씀의 열매 · 기도 제목

9월

16

거짓과 진리

일독 성경 미가 2장 6-13절(미가 1-4장 中)

말씀의 씨앗

씨앗말씀 · 오늘 내게 심어진 한 절 말씀

침상에 누울 때마다 악을 계획하고 잠이 들고 아침에 깨어 나가자마자 행합니다.
사람의 유익과 욕심과 이기심이 결국 행동으로 드러나는 것입니다. 이 땅의 기준으로 살아가는 사람은 당연히 이렇게 살 수밖에 없습니다. 마음의 계획이 악하므로 하나님의 계획은 그런 사람을 심판하십니다. 공의로 다스리시는 것은 의로움입니다.
심판이 악인에게는 괴로움이지만 주를 믿는 우리에게는 축복입니다. 주님을 믿는 믿음의 백성은 '남은 자'입니다. 결국 남은 자를 통해 하나님의 일을 나타내십니다. 악인의 넘어짐을 하나님은 비웃으시고 더 이상 교만히 행하지 못하리라고 말씀하십니다. 그리고 더 이상 약속의 유업을 받지 못한다고 말씀하십니다.
약속의 유업이 무엇입니까? 바로 천국의 약속입니다. 이스라엘이 약속의 땅 가나안에 들어간 것은 그 땅에서 배불리 먹고 잘살라는 것이 아니라 바로 하나님은 약속을 지키시는 분이라는 사실을 알게 하려는 것입니다. 그리고 지금은 약속하신 대로 예수 그리스도의 이름을 믿는 모든 성도들에게 구원의 약속, 천국의 약속을 주셨습니다.
아직도 가나안 땅에 머물러 있는 것이 아닙니다. 유대인들은 아직도 시오니즘(zionism) 등으로 거룩한 백성을 땅으로 해석하지만, 예수 그리스도로 말미암아 이제 약속의 백성은 하나님이 만드신 모든 이방인에게도 열렸으며 그 이름을 믿는 모든 자들의 약속의 땅은 바로 죄의 값을 치르신 예수 그리스도를 믿는 믿음으로 말미암아 허락된 구원의 약속입니다. 여호와께서 우리의 대장되시고 인도자되시사 우리를 홀로 두지 않으시고 하나님의 영광을 나타내도록 사용하십니다. 온전한 믿음으로 축복받는 삶이 되기를 바랍니다. 하나님 안에 소망이 있습니다.

말씀의 가지

유다 왕국에서 우상 숭배가 가장 극심했던 아하스왕 시대를 배경으로 활동했던 선지자 미가의 메시지는 당연히 우상 숭배에 대한 신랄한 지적에 초점이 모아진다. 하지만 종교적 타락이 자연스레 사회 도덕적 타락으로 이어지듯이 그의 메시지는 불의와 불법을 자행하는 지도자, 권력자, 부자 등 사회적 강자에게로 향한다. 본서에서 선지자는 하나님의 공의로운 심판을 선포하지만 동시에 끝까지 믿음을 지키고 인내하는 남은 자를 향한 위로와 구원의 메시지도 놓치지 않는다.

(위키백과, 미가(Micah) https://ko.wikipedia.org/wiki/미가_(구약성경))

말씀의 꽃 · 나만의 일독 큐티

말씀의 열매 · 기도 제목

9월

17 메시아에 대한 약속

일독 성경 미가 5장 1–9절(미가 5–7장 中)

말씀의 씨앗

씨앗말씀 · 오늘 내게 심어진 한 절 말씀

하나님께서 이스라엘이 수치를 당하게 될 것을 말씀하십니다. 그러나 하나님은 또한 사랑으로 다시 세우실 자신의 계획을 말씀하십니다. 그것은 바로 메시아에 대한 약속입니다. 비록 베들레헴이 작고 연약한 땅이지만 그곳에서 메시아가 탄생할 것임을 말씀하십니다. 메시아는 태초부터 계신 하나님이심을 말씀하십니다. 이 말씀은 그대로 이루어졌습니다. 예수님께서 유대땅 베들레헴의 마굿간에서 태어나셨습니다. 그리고 가장 낮은 곳에 태어나셔서 가장 위대한 사랑을 나타내셨습니다. 땅 끝까지 예수님의 통치가 미치지 않음이 없고 그분의 평강이 우리를 덮고 또한 우리에게 완전한 승리를 허락해 주셨습니다.

이제 우리는 새벽이슬과 같이, 풀잎에 내리는 단비와 같이 세상 속에서 아름답게 쓰임 받고 사람을 기다리거나 의지하지 않고 오직 하나님만을 의지하며 승리하게 하십니다. 매일의 삶이 하나님만을 바라보며 승리하는 삶이 되기를 소망합니다.

말씀의 가지

미가서의 구조

첫 번째의 접근, 구원과 심판의 반복적인 순환으로 구조를 분석한다. 1–5장과 6–7장으로 나뉜다. 두 번의 "심판의 구원"이라고 해석. 첫 단락의(1–5장) 전반부인 1–3장은 백성들의 죄악을 서술하고, 후반부인 4–5장은 소망을 제시한다.

두 번째 단락은(6–7장) 이스라엘과 하나님의 논쟁(6:1–8), 이스라엘의 사회적 죄악에 대한 책망(6:9–16), 그리고 이스라엘의 상태에 대한 선지자의 탄식들(7:1–7)로 절망, 마지막 부분은 소망과 찬양(7:8–20)으로 분위기는 전환된다. 결국 이 견해는 미가서를 "심판과 구원"의 2단락 구조로 분석하는 것이다. 또한 미가서를 심판과 구원의 구조로 보는 것이 일반적이지만 그 외에 알렌 같은 학자들은 '운명과 소망'의 구조로 분석하며, 카일 델리취는 포로와 회복(1–2장), 시온의 낮아짐과 높아짐(3–5장), 구원(6–7장)의 형태로 본다.

(위키백과, 미가(Micah) https://ko.wikipedia.org/wiki/미가_(구약성경))

말씀의 꽃 · 나만의 일독 큐티

말씀의 열매 · 기도 제목

9월

18 화평을 전하는 자의 발

일독 성경 나훔 1장 9-15절(나훔 1-3장 中)

말씀의 씨앗

씨앗말씀 · 오늘 내게 심어진 한 절 말씀

요나를 통하여 니느웨성이 경고를 듣고 돌아서자 하나님께서는 심판의 계획을 바꾸시고 용서해 주십니다. 그로부터 세월이 흘러 다시 니느웨성이 타락합니다. 그리고 주변 국가들을 괴롭히고 우상과 음란으로 가득합니다. 나훔 선지자는 이런 니느웨에 대하여 선포합니다.

"너희는 온전히 멸하게 될 것이다. 유다를 괴롭히고 아프게 하는 강한 대적이지만
하나님이 선포하게 하셨기 때문에 더 이상 견딜 수 없다.
너희가 비록 강하고 많다 하여도 하나님의 손을 피할 수 없을 것이다."

지금은 평화롭지만 심판이 니느웨를 기다리고 있습니다. 유다는 괴로움을 당하고 있지만 하나님께서 말씀하십니다. "아름다운 소식을 전하는 자여." 하나님이 함께하시는 것이 아름다움입니다. "화평을 전하는 자의 발이 산 위에 있도다." 전쟁 중에 있지만 하나님이 함께하시는 것이 화평입니다. 그것은 힘겨운 길이라도 산을 오르는 힘이 있고 산 위의 동네가 숨기지 못하는 것처럼 세상 가운데 나타납니다. 악인을 진멸하시고 유다를 보호하신다고 약속하십니다. 괴로움과 연약함 가운데 있지만 유다는 하나님의 뜻대로 다시 회복됩니다. 삶의 여정은 누구와 함께 하는가가 중요합니다. 하나님이 함께하시면 고난 중에도 기쁨이 있고 환난 중에도 소망이 있습니다. 매일 하나님과 동행하는 삶이 되기를 소망합니다.

말씀의 가지

나훔서는 구약 시대 이스라엘의 예언자 나훔이 아시리아 제국의 수도 니네베로 가 예언을 한 예언서이다. 나훔의 히브리어 뜻은 '위로'이다. 나훔의 연대를 결정하는 데 있어서 중요한 근거가 되는 두 사건이 있다. 하나는 노아몬의 함락이다. 다른 하나는 니느웨의 함락이다. 나훔의 활동 시대는 이 두 사건의 중간 시대일 것이다. 나훔은 노아몬의 함락이 과거사로 기록되어 있는데 노아몬은 661년에 앗수르 왕 아술버니팔에게 점령되었다. 또 나훔은 니느웨의 멸망을 목격자처럼 묘사하는데 니느웨는 주전 612년에 바벨론 왕 나보폴라살이 함락시켰다. 나훔은 661년과 612년 사이에 활동한 것으로 추정된다.
나훔에서는 하나님은 자기 백성을 위해서 전쟁을 할 준비가 되어 있는 용사이시다. 주전 7세기 독자들에게 나훔은 희망의 메시지였으며 위로의 메시지였다. 하나님은 약속하셨으며, 곧 그 약속을 성취하셨다.

(위키백과, 나훔 https://ko.wikipedia.org/wiki/나훔_(구약성경))

말씀의 꽃 · 나만의 일독 큐티

말씀의 열매 · 기도 제목

9월

19

나의 힘이시라

일독 성경 하박국 3장 16-19절(하박국 1-3장 中)

말씀의 씨앗

씨앗말씀 · 오늘 내게 심어진 한 절 말씀

여호와김이 왕으로 있는 유다는 애굽의 속국처럼 잘 보이려는 노력의 결과로 백성들은 과중한 세금에 괴로움을 당하고 죄악의 모습이 만연한 상황 속에 있었습니다. "세상이 다 변해도 신실함을 잃지 않는 믿음의 사람들이여 용기를 잃지 말고 변함없이 힘을 내라." 하나님은 하박국을 통해 말씀하셨습니다.

"비록 무화과 나무가 무성치 못하고 포도나무에 열매가 없어도
비록 감람나무에 소출이 없고 밭에 식물이 없어도
비록 우리에 양이 없고 외양간에 소가 없어도
비록 당신의 삶에 있어야 할 것이 없어서 지쳐간다 할지라도
비록 상처와 아픔에 신음하는 모습으로 아무런 소망이 없다 할지라도

그럴지라도 세상과 비교할 수 없는 것이 우리에게 있으니
나를 끝까지 보시고 지키시고 인도하시는 분
움직이는 그림자가 없으신 분
변하지 않고 나를 늘 사랑하시는 분, 나의 하나님…"

하나님을 인하여 즐거워하며 기뻐합니다. 발걸음을 가볍게 하사 어디를 가든 무엇을 하든 힘을 주십니다. 하박국의 고백이 우리의 고백이 되기를 원합니다.
비록 그럴지라도 하나님이 계시기에 우리는 지금 이 순간에 힘을 냅니다.

말씀의 가지

하나님의 확고한 뜻을 분명히 알게 된 하박국은 낙심한다. 하박국의 낙심은 분노만큼이나 분명한 음성으로 하나님께 전달된다(합 1:14-15). "인생이 결국 이렇게 허무하게 끝난다면 당신을 내 하나님으로 삼는 것이 무슨 유익이 있습니까?" 이것은 믿음의 혹독한 시련이다. 하나님과 오랜 관계를 맺으며 인생을 살아온 이들 가운데 이런 결정적인 순간을 경험해 보지 않은 사람은 거의 없다. "내 인생이 이처럼 슬픔과 공포와 상처와 고통으로 가득한데 무슨 소용입니까?" 하박국은 거기서 잠시 머뭇거리다 이내 깨닫는다. 그는 보다 심오한 무언가가 자신을 더 영원한 실재 속으로 이끌어 가는 것을 느낀다. 하박국은 이내 하나님의 뜻을 받아들이는 길로 가기로 작정한다. 그것은 단순한 받아들임이 아닌 경배였다.

(James White, 하나님이 갈망하는 기도(살림 2008), p.75)

말씀의 꽃 · 나만의 일독 큐티

말씀의 열매 · 기도 제목

9월

20

너희 가운데 계시니

일독 성경 스바냐 3장 14-20절(스바냐 1-3장 中)

말씀의 씨앗

씨앗말씀 · 오늘 내게 심어진 한 절 말씀

심판의 하나님을 보면 두려움으로 떨게 됩니다. 그러나 폭풍이 지나고 나면 고요가 남듯이 하나님은 우리에게 형벌을 제하고 원수를 쫓아내어 더 이상 두려움이 아니라 담대함을 허락하여 주십니다.

비록 지금은 연약하여 쓰러지고 넘어질지라도 하나님을 바라보는 자에게 함께하십니다. 우리 가운데 임하셔서 함께하심을 나타내십니다. 그리고 믿음의 백성을 모으시사 하늘의 권세와 능력으로 다스리십니다. 중심이 견고한 사람은 변하지 않습니다. 남을 행복하게 할 수 있는 사람은 자기 안에 행복이 있는 사람입니다. 그리고 그 행복을 전할 수 있는 믿음을 가진 사람입니다. 그 사람 안에 하나님이 계시지 않으면 불가능한 일입니다. 세상은 보장해 주지 못하기 때문입니다.

하나님은 하나님께로 돌아온 사람들을 한곳으로 모으시고 천하 만민 중에 존귀히 여김을 받게 만드십니다. 하나님이 기억하시고 인도하시고 주관하십니다.
끝까지 믿음의 경주를 승리하는 삶이 되기를 소망합니다.

말씀의 가지

기원전 7세기경 스바냐는 유다 왕국과 예루살렘의 우상 숭배와 죄악에 대한 징벌을 예언하였다. 이 책은 무서운 주의 날(심판의 날)에 하나님이 이스라엘 백성과 이방인들을 멸하리라고 경고하였다. 오직 회개를 통해서만 구원받을 수 있고, 하나님은 예루살렘에 소수의 겸손하고 의로운 생존자만 남겨 두고 지상에 하나님의 왕국을 세울 것이라고 예언하였다.

(존 라이트, 뉴욕타임스가 선정한 교양(이지북 2005), p.149)

말씀의 꽃 · 나만의 일독 큐티

더 생각해 보기

1. 세상은 자신의 손으로 원수를 갚고 스스로 성공의 길을 걸어야 한다고 가르친다. 우리는 어떠한가?(15,19절)
2. 우리가 두려워하지 않을 이유는 무엇인가?(16-17절)
3. 혹시 내 마음에 근심이 있지는 않은가?
4. 문제 속에서도 기뻐할 수 있는 이유는 무엇인가?(19-20절)

9월 21

나중 영광이 이전보다 크리라

일독 성경 학개 2장 1-9절(학개 1-2장 中)

말씀의 씨앗

씨앗말씀 · 오늘 내게 심어진 한 절 말씀

바벨론이 페르시아에 멸망을 당합니다. 그래서 바벨론에 포로로 있던 유다 백성들이 귀환을 허락받습니다. 스룹바벨을 지도자로 하여 예루살렘으로 돌아와 성전을 재건합니다. 그러나 쉽지 않습니다. 힘겨운 시간이 계속됩니다. 그 가운데 하나님께서 들려주시는 음성이 있습니다.

"스스로 굳세게 할지어다."

사람을 의지하고 환경을 보면 이길 수 없습니다. 그러나 내 안에 역사하시는 하나님을 바라보면 이길 수 있습니다. 성전의 재건을 말씀하시면서도 그 모든 일을 이루시는 이는 누구인가? 우리 영혼을 살리시고 영원한 생명을 주시는 이는 누구이신가? 진정한 교회는 누구이신가? 예수 그리스도이심을 예언 속에서 선포하십니다. 세상 모든 것을 주관하시고 다스리시는 하나님의 영광만이 오직 유일한 소망임을 알게 하십니다. 세상 어느 것 하나 하나님의 것이 아닌 것이 없습니다. 결국 하나님 안에 있는 사람에게는 지금의 고난이 변하여 오히려 기쁨의 찬양이 됩니다. 나중 영광이 이전 영광보다 크리라.

비록 지금은 건축하고 있는 시작이라 할지라도 모든 것을 이끄시는 하나님의 섭리는 놀라운 능력으로 전 인류를 구원하는 진정한 교회이신 예수 그리스도를 통하여 나타날 것을 선포하십니다. 오직 하나님을 신뢰하고 믿음으로 나가는 삶이 되길 소망합니다.

말씀의 가지

본서의 기자인 학개 선지자는 포로기 이후 가장 먼저 활동한 선지자인데, 그는 스룹바벨 이후 14년 동안 중단되었던 성전 재건 사역을 독려하고, 성전 재건을 통해 선민들이 다시금 하나님 중심적인 신앙으로 돌아오도록 격려할 목적으로 본서를 기록하였다. 본서는 하나님으로부터 받은 네 편의 계시(1:1,2:1,10,20)를 중심으로 모두 두 장으로 이루어져 있다.

본서에는 학개가 하나님으로부터 받은 네 편의 메시지가 나오는데(1:1;,2:1,10,20), 여기에는 모두 날짜가 분명하게 언급되어 있다. 그 기록에 의하면 본서의 시기는 다리오왕 2년(B.C. 520년)이며 선지자는 약 4개월에 걸쳐 본서를 기록하였음을 알 수 있다.

(라이프 성경사전(생명의말씀사 2006), 학개)

말씀의 꽃 · 나만의 일독 큐티

말씀의 열매 · 기도 제목

9월

22 척량줄을 잡은 자

일독 성경 스가랴 2장 1-13절(스가랴 1-2장 中)

말씀의 씨앗

씨앗말씀 · 오늘 내게 심어진 한 절 말씀

스가랴가 환상을 봅니다. 환상 속에서 한 사람이 척량줄을 잡고 있습니다. 그리고 천사들이 나아와 그를 맞이합니다.

척량줄을 잡으신 분은 바로 예수 그리스도이십니다.
메시아에 대한 환상을 보고 있습니다. 세상을 하나님의 기준으로 공평하게 판단하시고 이제 다시 회복시키시는 하나님의 섭리를 나타냅니다. 하나님을 온전히 믿는 자이게 척량줄은 축복입니다. 그러나 악인은 심판을 견디지 못합니다. 하나님의 나라가 이 땅을 덮고 그 영광을 나타내게 됩니다. 여호와 앞에서 찬양 외에는 소리를 낼 것이 없습니다. 그저 잠잠히 그 음성을 듣고 그대로 행할 뿐입니다.

하나님의 백성 삼아 주시고 보호하시고 인도하시는 분, 우리를 택하사 구원의 능력을 허락하여 주신 분 예수 그리스도를 믿음으로 매일 승리하는 삶이 되기를 소망합니다.

학개서가 성전 재건을 직설적으로 표현한 책이라면 동시대의 작품인 스가랴서는 성전 재건이라는 같은 주제를 다양한 환상과 예언, 상징적 수사법을 동원하여 묘사하고 있다. 나아가서 본서는 건물로서의 성전 재건 차원이 아니라 성전이신 메시아와 그분의 강림에 대한 예언으로까지 발전시킨다. 이렇듯 메시아 왕국에 대한 신령한 정보들로 가득 찬 본서는 모두 여덟 개의 환상(1-6장)과 네 개의 설교(7-8장), 그리고 두 가지 경고(9-14장)로 구성되어 있다.
본서는 저자인 스가랴 선지자의 이름을 따서 '스가랴'로 불린다. '스가랴'(제카르야)란 이름은 '여호와께서 기억하신다'는 뜻이다.

(라이프 성경 사전(생명의말씀사 2006), 스가랴)

말씀의 꽃 · 나만의 일독 큐티

말씀의 열매 · 기도 제목

9월 23

순금 등잔대의 환상

일독 성경 스가랴 4장 1-14절(스가랴 3-4장 中)

말씀의 씨앗

씨앗말씀 · 오늘 내게 심어진 한 절 말씀

순금 등잔대가 환상 가운데 보입니다. 출애굽기에서 하나님이 성막 가운데 만들라고 하신 것과는 기름을 보관하는 주발이 위에 있어 계속 잔에 기름을 공급해 준다는 차이가 있습니다. 그리고 그 주발의 좌우편에 감람나무가 있어 그 열매인 올리브 기름이 계속 공급된다는 것입니다. 스가랴가 이 환상이 무엇인지 천사에게 묻자 천사가 대답합니다. "힘으로도 되지 않고 능으로도 되지 않고 오직 나의 신으로 되느니라."

포로에서 풀려나 큰 꿈을 안고 예루살렘으로 돌아왔건만 성전의 기초를 닦기가 무섭게 사람들이 자기 욕심을 채우고 실패의 포기의 순간이 다가온 스룹바벨에게 하나님은 스가랴를 통하여 위로하십니다. "네 앞에서 산이라도 평지가 될 것이다."

그 일을 이루시고 능력을 주시는 것은 하나님이십니다. 내가 하는 것 같지만 결국 하나님께서 행하십니다. 스룹바벨이 시작한 일을 스룹바벨이 마칠 것이라고 축복해 주십니다. 그리고 작은 일이라도 충성하는 것이 하나님이 원하시는 일임을 알려 주십니다. 등잔대의 작은 불꽃 일곱이 온 성막을 밝히듯이 여호와의 눈이 우리의 인생을 밝히시고 보호하십니다. 성도의 삶은 투명한 유리 같아서 하나님이 보시면 숨길 수 없습니다. 스가랴가 두 감람나무가 무엇인지 다시 묻습니다. 그때 천사가 대답합니다. 기름 부음 받은 두 사람이다. 대제사장 여호수아와 스룹바벨을 이야기합니다. 이렇게 하나님의 역사는 하나님의 사람을 통하여 일어납니다. 거룩한 기름이 채워지고 하나님의 영광의 불을 밝히는 것은 맡겨진 사명을 감당하는 우리를 통해서 일어납니다. 우리가 불을 피우지만 그 빛은 하나님의 손에 있습니다. 삶과 신앙은 분리되지 않습니다. 우리가 일터에서 열심히 일하는 것도 하나님이 허락하신 거룩한 일입니다. 세상에선 아무렇게나 살고 교회에서만 신실하면 되는 것이 아닙니다. 하나님께서 우리를 사용하실 때에 마음껏 쓰시도록 내어드리는 순간순간의 삶이 되기를 소망합니다.

말씀의 가지

"만군의 여호와께서 말씀하시되 이는 힘으로 되지 아니하며 능으로 되지 아니하고 오직 나의 신으로 되느니라(슥 4:6)." 이것은 마지막 성전이 이 세상의 힘으로 되지 않고 오직 하나님의 신으로 세워진다는 예언이다. 과연 교회가 성령의 역사로 세워진다는 것을 말하고 있는 것이다. 그리스도의 교회는 성령께서 강림하신 날에 이루어졌고 오직 성령의 역사로 말미암아 성장 발전되어 온 것이다. 그 까닭은 성령께서 사람들을 그리스도의 성도가 되게 하시어 이들로 하여금 서로의 마음과 마음을 사랑으로 엮어 놓았기 때문이다.

(신상훈, 성경의 즐거움(스타북스 2006), p.234)

말씀의 꽃 · 나만의 일독 큐티

말씀의 열매 · 기도 제목

9월

24 하나님의 마음을 시원하게 하라

일독 성경 스가랴 6장 1-8절(스가랴 5-6장 中)

말씀의 씨앗

씨앗말씀 · 오늘 내게 심어진 한 절 말씀

스가랴가 보는 환상입니다. 두 산 사이에서 네 병거가 나옵니다. 두 산은 놋산입니다. 네 병거는 홍마, 흑마, 백마, 어룽지고 건장한 말들이 이끕니다.
스가랴가 천사에게 묻습니다. 이것은 무슨 의미입니까? 천사가 대답합니다.

"주의 앞에 있던 이 말들이 나가는 것은 네 바람이다."

이는 메시아가 우리 가운데 오실 것을 다시 한 번 예언하는 장면입니다.

예수 그리스도의 권세가 온 땅을 덮고 다스리심을 이야기합니다. 우리에게 소망이 있는 이유는 세상 어느 것에도 하나님의 권능이 미치지 않은 것이 없다는 것입니다. 바람이 임의로 불매 어디에서 와서 어디로 가는지 모르는 것처럼 우리가 다 깨달을 수도 알 수도 없지만 살아가는 동안에 모든 것을 가장 선하게 이끌어 주신다는 것입니다. 북방에 나간 자들이 마음을 시원케 하는 것을 말씀해 주십니다.

하나님의 마음을 시원하게 하는 사람이 있습니다. 그 사람은 고난 중에도 믿음을 잃지 않는 신실한 성도입니다. 믿음은 하나님을 기쁘시게 해드리는 일입니다.
하루의 삶이 하나님의 마음을 시원하게 해드리는 삶이 되기를 소망합니다.

말씀의 가지

규빗

고대 유대인들의 길이 단위. 히브리어로는 '팔'을 뜻하는 '암마'인데, 팔꿈치부터 가운데 손가락 끝까지의 길이를 말한다(출 25:10-27:19). 1규빗은 대략 45.6㎝ 정도인데, 시대에 따라 적용되는 길이가 달랐다. 특히 성전(왕실)용은 보통 규빗에 손바닥 너비 하나를 더한 길이로 약 52㎝가 된다. 이를 큰 규빗이라고 불렀다. 헬라어로 '페퀴스'인데, '암마'와 마찬가지로 '팔'을 의미한다. '규빗'이란 말은 라틴어 역본인 벌게잇에서 히브리어 '암마'의 번역에 쓴 '큐비툼'(cubitum)의 음역에서 왔다.

(네이버 지식백과 http://terms.naver.com, 규빗[cubit])

말씀의 꽃 · 나만의 일독 큐티

말씀의 열매 · 기도 제목

9월

25 불러도 듣지 않는 귀

일독 성경 스가랴 7장 1-14절(스가랴 7-8장 中)

말씀의 씨앗

씨앗말씀 · 오늘 내게 심어진 한 절 말씀

사람들이 와서 스가랴에게 묻습니다. 때가 되었으니 하던 대로 금식 기도를 하면 되겠습니까? 그때 하나님께서 응답하십니다. "너희의 금식이 진정 나를 위한 것이냐?" 보기에는 신실하게 보여도 중요한 것은 그 속의 내용입니다. 사람의 눈은 겉을 보지만 하나님은 그 안을 보십니다.

"너희가 진실한 재판과 인애와 긍휼이 없이 어찌 하나님의 사람이라 하겠는가?
너희가 심중에 선을 가지고 주위를 돌보지 않으면 어찌 사랑하는 사람이겠는가?"

아무리 오랜 세월 신앙 생활을 했다 해도 금강석같이 굳어진 마음은 하나님을 기쁘시게 해드릴 수 없습니다. 이미 닫혀 있는 귀는 하나님의 음성을 듣지 못합니다.
내 경험과 기준이 아닌 하나님이 원하시는 뜻을 분별하지 못합니다. 굳어진 흙으로는 그릇을 만들 수 없습니다. 진흙이 되어 하나님이 원하시는 대로 변할 수 있어야 됩니다.

그렇지 않으면 결국 아무도 왕래하지 않는 외로운 땅이 됩니다. 하나님을 신실하게 믿는 사람은 사랑을 받고 하늘의 지혜로 승리합니다. 하나님 앞에 모든 것을 내려놓고 겸손함으로 살아가는 삶이 되길 소망합니다.

말씀의 가지

새로운 정체성은 선택받은 하나님의 자녀가 되었다는 것이다. 이것은 기다림의 시간에 받을 수 있는 선물이다. 이것은 인생의 전환점이 된다. 실패했던 일로 부끄러워하는 대신, 우리는 열정을 가진 주인이 되는 것이다. 이제 더는 우리 자신을 증명해야 할 필요가 없다. 우리의 마음을 치유하시는 아버지의 사랑과 우리를 선택하신 목적을 얻게 된 것이다. 하나님의 의도는 우리의 생각보다 더 크고 훌륭하다. (중략) 스가랴의 비전은 계속 이어지는데, 우리가 알아야 할 한 가지는 하나님의 약속이 조건적이라는 사실이다. 우리는 인내해야 하며, 하나님의 요구를 포기해서는 안 된다. 하나님의 섭리 가운데, 우리 안에서, 우리를 통하여 하나님의 목적이 성취되는 것을 보게 될 것이다. 포기할 수 없다!

(제롬 델리, 하나님이 침묵하실 때(살림 2007), pp.161–162)

말씀의 꽃 · 나만의 일독 큐티

말씀의 열매 · 기도 제목

9월 26

예비된 나귀 새끼

일독 성경 스가랴 9장 9–17절(스가랴 9–10장 中)

말씀의 씨앗

씨앗말씀 · 오늘 내게 심어진 한 절 말씀

비록 고난이 있다 할지라도 소망이 있는 사람은 행복합니다. 유다 민족은 비록 어려움 속에 있다 해도 메시아의 기대로 소망이 있습니다. "네게 왕이 임할 것이다. 그 왕은 공의로우며 구원을 베풀며 겸손하다." 바로 예수님을 가리켜 예언한 것입니다. 스가랴를 통하여 하나님께서는 메시아가 임할 것을 계속해서 예언하십니다. 그는 나귀 새끼를 탈 것이라고 말씀하십니다. 그리고 예수님께서 오셔서 마지막 예루살렘에 입성하실 때에 이 말씀 그대로 나귀 새끼를 타고 입성하셨습니다.
세상의 준마가 아닌 연약한 나귀 새끼를 통하여 버려진 것같이 외롭고 힘겨운 사람들에게도 하나님이 쓰시겠다 하시면 사람이 막을 수 없음을 보여 주셨습니다.
그리고 겸손과 사랑으로 화평의 도구가 되사 모든 사람들이 다시금 하나님 앞에 구원받은 백성으로 나아갈 수 있는 유일한 통로가 되어 주셨습니다. 예수 그리스도로 말미암아 하늘의 소망을 가지게 되었습니다.

우리를 하나님의 손에 들려진 활과 화살처럼 사용하시사 세상을 이길 권세를 주시고 어둠 속에 빛으로 부르시고 사용하십니다. 승리의 나팔을 불어 하나님의 승리를 선포하게 하십니다. 이제 우리에게 남은 것은 오직 예수 그리스도 안에서 이 소망이 멈추지 않는 것입니다. 우리를 구원하신 사랑과 은혜에 감사를 잃지 않는 것입니다.
마지막 날까지 한결같이 믿음으로 승리하는 삶이 되기를 소망합니다.

말씀의 가지

스가랴 9장의 예언은 스가랴가 먼저 예언하고 있는 바와 같이 마지막 날에 주께서 예루살렘의 왕으로서, 메시아로서 군림하시는 광경을 묘사하고 있다. 세상 임금은 개선할 때에 많은 군마에게 옹위되어 위풍당당하게 입성하겠지만 만왕의 왕으로서 메시아는 나귀를 타고 오셔서 세상 임금들이 이루지 못한 이 세상의 구원을 완성시키고자 겸허한 모습으로 예루살렘에 입성하셨다. 나귀는 사람을 태우거나 짐을 나르는데 쓰일 뿐이다. 그러나 이와 같은 나귀를 메시아께서 구속의 역사에 사용하였다는 것은 영광이 아닐 수 없다. 이것이 하나님의 선택 방법이니 사람들 눈에는 보잘것없어 보이는 사람일지라도 하나님께서 합당하게 여기실 때 사용하여 크게 쓰시는 것이다.

(신상훈, 성경의 즐거움(스타북스 2006), p.239)

말씀의 꽃 · 나만의 일독 큐티

말씀의 열매 · 기도 제목

9월

27

힘을 얻었다 할지라

일독 성경 스가랴 12장 1-9절(스가랴 11-12장 中)

말씀의 씨앗

씨앗말씀 · 오늘 내게 심어진 한 절 말씀

하나님은 예루살렘으로 무거운 돌이 되게 하신다고 말씀하십니다. 하나님의 땅, 백성, 그리고 교회를 세우시사 하나님의 영광을 나타내십니다. 세상이 공격하려 하여도 들지도 못하고 해하지도 못하고 오히려 상처를 입게 됩니다. 하나님이 주관하시고 만드시기 때문입니다. 하나님의 백성을 다시 모으시고 회복시키시기 때문에 그 힘의 근원이 하나님이심을 고백하게 됩니다. 겉으로만 드러나는 능력이 아니라 그 내면에 감사로 고백하게 하십니다.

그리하여 약한 자로 다윗과 같이 되게 하시고 다윗과 같은 자로 하나님 같게 하시며 여호와의 사자같이 만들어 주십니다. 우리의 경험과 능력과 지식으로 싸우는 것이 아니라 하나님을 믿는 믿음으로 나가는 것입니다. 하나님을 의지하는 자는 어떠한 상황과 형편 속에서도 다시 일어날 수 있습니다. 그 연약함을 통하여 하나님의 강함을 증거하게 됩니다. 우리의 인생의 한 걸음 한 걸음이 오직 하나님의 손에 있음을 기억하고 순간마다 승리하는 삶이 되기를 소망합니다.

말씀의 가지

스가랴서의 배경과 무대

스가랴의 기록 연대는 성전 재건 이전(전반부, 1–8장)과 이후(후반부, 9–14장)로 크게 둘로 나뉜다. 전반부는 스가랴 선지자가 처음 계시를 받은 다리오왕 2년(1:1, B.C. 520년)에서부터 다리오왕 4년(7:1, B.C. 518년)까지 2년에 걸쳐 기록되었다. 그러나 후반부에는 기록 시기를 짐작할 만한 아무런 단서가 없다. 다만 '헬라'(9:13)라는 표현이 언급될 뿐이다. 그래서 학자들은 본서 후반부가 성전 재건 후 오랜 세월이 지난 스가랴 선지자 말년에 기록되었을 것으로 추정한다(대략 B.C. 480–470년경).

그는 스룹바벨이 인솔하는 1차 포로 귀환 때(B.C. 537년) 예루살렘으로 돌아왔다. 그후 17년이란 세월이 흐른 뒤 본격적으로 선지자 사역을 시작하였다(B.C. 520년). 이때는 예루살렘 성전 재건 사역이 중단된 지 14년이 흐른 뒤였고, 동시대의 선지자였던 학개의 두 번째 예언(학 2:1–9)과 세 번째 예언(학 2:10–19) 사이에 해당되는 시기였다.

(라이프 성경사전(생명의말씀사 2006))

말씀의 꽃 · 나만의 일독 큐티

더 생각해 보기

1. '취하게 하는 잔'은 무엇을 의미할까?(2절)
2. '무거운 돌'은 무엇을 의미하는가?(3절)
3. 하나님이 함께하시는 자를 보고 세상은 뭐라 말하는가?(4–5절)
4. 진정한 능력은 무엇인가?(7–9절)
5. 나는 지금 하나님과 동행하는 삶을 살고 있는가?

9월

28 죄와 더러움을 씻는 샘물

일독 성경 스가랴 13장 1–9절(스가랴 13–14장 中)

말씀의 씨앗

씨앗말씀 · 오늘 내게 심어진 한 절 말씀

죄와 더러움을 씻는 샘물을 통하여 하나님께서 우리를 정결하게 하실 것을 말씀하십니다. 하나님의 백성에게 하나님이 원하시는 것은 특별한 능력이 아니라 우상을 제거하고 거짓을 피하고 모든 유혹을 뿌리치는 것입니다.

하나님을 신실하게 바라보는 것이 능력입니다. 그런 사람은 높은 곳에 마음을 두는 것이 아니라 제자들의 발을 씻기신 예수님처럼 마음을 낮추고 겸손함으로 나아갑니다. 무엇도 예수님을 대신할 수는 없습니다.

사람들은 칼을 들고 나가는 메시아를 기대했지만 스가랴는 그 칼에 상함을 받는 메시아를 예언합니다. 목자가 상함을 당하고 양들이 흩어짐을 말합니다. 십자가에 달리신 예수 그리스도 앞에서 제자들마저 모두 도망갔습니다. 그러나 말씀처럼 하나님은 하나님의 사람을 구별하십니다. 고난이 없는 것이 아니라 고난 속에서 불로 단련되는 정금과 같이 더 큰 연단을 통하여 하나님의 백성임을 선포하게 하십니다.

그리고 우리의 고백을 받으십니다. 오직 여호와 하나님만이 우리의 참 하나님입니다. 매일 새롭게 하시고 힘주시는 하나님을 의지함으로 승리하는 삶이 되길 소망합니다.

말씀의 가지

스가랴는 이사야서 다음으로 많은 메시아 예언들로 가득 차 있다. 비록 본서의 전반부가 성전 재건을 독려하고 있으나 선지자는 건물로서의 성전 재건만이 아니라 메시아를 대망하고 메시아의 강림을 준비하는 차원에서의 성전 재건을 가르친다. 이런 사실은 본서, 특히 후반부인 9–14장이 메시아에 집중되고 있다는 사실에서도 분명하게 나타난다. 나귀 새끼를 타고 오시는 메시아(9:9), 은 삼십에 팔리실 메시아(11:12), 선한 목자이신 메시아(11:7), 메시아의 십자가 죽음(12:10), 구원자 메시야(13:9) 등이 그것이다. 이렇듯 선지자는 메시아의 초림에서부터, 재림, 세상 종말과 새 예루살렘에 이르기까지 장래의 모든 인류 역사가 장차 메시아와 그분의 왕국을 중심으로 전개될 것을 분명하게 보여 준다. 실제로 신약은 선지자의 예언들이 어떻게 성취되었는지를 보여 준다. 그렇다면 아직 성취되지 않은 세상 종말의 역사들 역시 선지자가 보여 주고, 신약의 여러 사도들이 보여 준 그대로 이루어질 것은 자명하지 않겠는가?

(라이프 성경 사전(생명의말씀사 2006))

말씀의 꽃 · 나만의 일독 큐티

말씀의 열매 · 기도 제목

9월

29 최고의 것을 드리는 삶의 제사

일독 성경 말라기 1장 6–14절(말라기 1–2장 中)

말씀의 씨앗

씨앗말씀 · 오늘 내게 심어진 한 절 말씀

제사장의 직무는 하나님의 성전을 섬기는 것입니다. 세상의 것을 정리하고 보살피는 것이 아니라 하나님께 드리는 것입니다. 이 땅을 살아가는 우리는 이제 날마다 예배를 드리며 하나님 앞에 직접 나아갑니다. 제사장의 삶을 사는 것입니다. 제사장과 같이 하나님 앞에 삶을 드립니다.

타락한 제사장은 하나님께 눈이 먼 동물을 드리고 더러운 떡을 드리고 병든 것으로 드리고는 좋은 것은 자기가 취합니다. 하나님이 보이지 않는다, 하나님은 없다 하는 것과 똑같습니다. 그러나 사람을 속일 수는 있어도 하나님을 속일 수는 없습니다. 하나님은 그 중심을 보시기 때문입니다. 합당치 못한 삶으로 예배하며 형식적인 헌신을 하고 사람에게 칭찬을 간구하는 것은 진정한 성도의 삶이 아닙니다. 그것을 하나님께서 기뻐하지 않으신다고 말씀하십니다.

내가 호흡한다는 사실만으로도 하나님의 사랑과 섭리가 놀랍고 큰 것입니다.
우리가 진정으로 두려워해야 하는 것은 외부에 있는 손해보는 것과 위험한 일이 아닙니다. 내 안의 진실하지 못한 고백입니다. 길가의 들풀 하나도 하나님 없이 자라는 것이 없습니다. 사람의 인생이 복잡하다고 하지만 결국 속으로 들어가면 믿음을 지켜나가는 것 외에는 남는 것이 없습니다. 날마다 서원한 것을 드리고 온전한 예배로 나아가기를 소망합니다.

말씀의 가지

구약 제일 끝 책인 말라기에서 명확히 말씀하신다. 말라기 1장 2-3절을 보라. "내가 너희를 정말 사랑했다." 그러나 사람들은 갈등한다. "하나님이 우리를 사랑하신다고 하지만 우리 삶의 현실은 갈등과 고민이 아닙니까. 하나님이 우리를 어떻게 사랑하셨다는 말씀입니까?" 그랬더니 하나님께서 에서와 야곱 이야기를 하시는 것이다. 이것은 하나님의 편애라는 뜻이 아니다. 이것은 하나님의 선택을 의미한다. 관심의 초점은 에서가 아니라 야곱이다. 이 본문의 관심은 바로 여러분이다. 에서를 미워하였고 야곱을 사랑하였다"라는 말은 편애하였다는 말이 아니고, "내가 너를 그렇게 사랑하며 축복한다"는 말이다. (중략) 그렇다. 모든 사람이 다 지옥에 가도록 결정되어 있었다. 이미 우리는 죽기로 결정된 사람들이다. 그러나 하나님께서는 그 가운데서 바로 우리를 살려 주셨다.

(하용조, 다시는 야곱이라 부르지 말라(두란노 2001), pp.21-23)

말씀의 꽃 · 나만의 일독 큐티

말씀의 열매 · 기도 제목

9월 30

믿음으로 사는 삶

일독 성경 말라기 3장 6-18절(말라기 3-4장 中)

말씀의 씨앗

씨앗말씀 · 오늘 내게 심어진 한 절 말씀

하나님을 믿을 수 있는 이유는 무엇입니까? 사람은 변해도 하나님은 변하지 않으시기 때문입니다. 하나님은 자신이 육신을 입고 죽기까지 사랑하심으로 변하지도 포기하지도 않는 사랑의 약속을 지키셨습니다. 그분이 바로 예수 그리스도이십니다. 참 하나님이시면서 참 육신을 입고 우리를 대신하여 십자가를 지셨습니다. 그리고 약속하신 대로 부활의 승리를 통하여 죄와 사망의 권세를 이기시고 우리를 구원하여 주셨습니다.

우리가 마땅히 할 일은 모든 것이 하나님의 섭리임을 인정하는 것입니다. 입으로만 인정하는 것이 아니라 십일조를 통하여 하나님을 경외하고 있는 마음을 드리는 것입니다. 하나를 드리는 것에 아까워하는 것이 아니라 아홉을 허락하신 것에 대한 감사를 드리는 것입니다. 하나를 드리는 것이 모든 것을 허락하신 하나님께 충분한 표현은 아닙니다. 그러나 하나님은 이것으로 우리를 기뻐하십니다. 많이 드려야 하면 할수록 사람은 마음에 갈등이 생깁니다. 그러나 하나님은 온전한 십일조를 기뻐하십니다. 10불을 벌어 1불을 드리는 것과 10만 불을 벌어 만불을 드리는 것이 사람이 보기에는 엄청난 차이지만 하나님의 눈에는 동일합니다. 왜냐면 하나님은 중심을 보시고 온전한 것을 기뻐하시기 때문입니다. 양이 아니라 마음입니다. 십일조를 하지 않는 것을 말씀에서는 하나님의 것을 도적질한다고 표현합니다. 교회에 주는 것이 아닙니다. 사람에게 베푸는 것이 아닙니다. 하나님께 드리는 것입니다. 철저한 신앙의 고백이지 사람의 유익이 아닙니다. 하나님께서는 십일조에 대해서는 나를 시험하라고 말씀하십니다. 모든 곡식에 해충이 생기지 않고 포도가 떨어지지 않는 이유는 하나님이 보호하시고 인도하시기 때문입니다. 인간의 기술이 아니라 하나님의 섭리입니다. 하나님을 기쁘시게 해드리는 믿음의 행함이 능력입니다.

하나님께 인정받는 것이 세상의 어떤 물질과도 비교할 수 없는 능력입니다. 오직 하나님의 은혜만이 사람을 살리고 힘을 줍니다. 이것을 알면 세상의 기준이 아닌 하나님의 기준으로 살아가게 됩니다. 하나님을 신뢰함으로 승리하는 삶이 되기를 소망합니다.

말씀의 가지

바벨론에서 본토로 귀환한 유다 백성은 많은 어려움 가운데서도 성전을 건축하고 신앙 회복을 위해 노력하였다. 그러나 학개 선지자나 스가랴 선지자의 예언이 있은지 거의 100여 년이 지났지만 메시아 왕국은 도래하지 않고, 또 그들의 삶의 형편은 나아질 기미를 보이지 않았다. 신앙은 다시 형식주의로 흐르고 영적 순결은 점점 오염되어 갔다. 이때 하나님께서는 말라기 선지자를 부르셔서 '내 이름을 경외하는 너희에게는 공의로운 해가 떠올라서 치료하는 광선을 비추리니'(4:2)라는 말씀을 주시면서 유다 백성에게 첫 신앙을 회복하고, 메시아 왕국을 대망하도록 위로하고 권면해 주셨다. 그리고 이전에 스가랴가 선포한 메시아 예언보다 더 구체적인 말씀을 주셨다. 그것은 메시아의 강림을 준비할 하나님의 사자(세례 요한)가 출현할 것이라는 예언이었다(3:1).

(라이프 성경사전(생명의말씀사 2006), 말라기)

말씀의 꽃 · 나만의 일독 큐티

말씀의 열매 · 기도 제목

주일 설교 노트

날짜 . . .

주일 설교 노트

날짜 . . .

주일 설교 노트

날짜 . . .

주일 설교 노트

날짜 . . .